젊은 중국이 몰려온다

KB051587

일러두기

본문에서 중국어 표기는 저자 요청에 따라 외래어 표기법을 따르기보다 현지 발음에 가깝게 표기했다. 예를 들어 관광객을 뜻하는 '游客(yóukè)'는 외래어 표기법에 따라 '유커'라고 써야 하지만, 음의 높낮이에 따른 성조를 표현하고자 '요우커'로 표기했다. 또한 '滴滴出行(dī dī chūxíng)'이라는 콜택시앱의 이름도 외래어 표기법은 '디디추싱'이나, 현지 발음에 가깝게 '띠디추싱'으로 표기했다.

젊은 중국이 몰려온다

류종훈 지음

21세기북스

contents

PART 1 혁신의 질주, 13억 명의 욕망이 폭발하고 있다!

PART 2 베이징에서의 1년, 그들의 일상을 엿보다

PART 3 마오쩌둥과 시진핑 사이, 대륙의 꿈은 실현될 것인가

PART 4 중국 속의 한국, 기로에 선 한중관계

해시태그 100개만 알면 중국이 보인다

『삼국지』를 꽤 여러 번 읽었다. 낙양, 장안, 형주 같은 중국 지명을 지도에서 어렵지 않게 찾을 수 있다. 어릴 적 천자문을 배워서 중·고등학교 때 한문 수업을 수월하게 들었다. 대학에서는 『중국의 붉은 별(Red star over China)』이라는 책을 읽은 적이 있다. '대장정'이라는 고난의 행군을 거쳐 결국 대륙의 패자가 된 중국 공산당의 이야기가 흥미로웠다. 그 후 혁명 동지들이 문화대혁명이라는 광란에 휘말렸다는 것도 알고 있다. 그 시기가 궁금해 『중국인 이야기』라는 책을 사서 읽었다.

여기까지가 내가 알고 있었던 중국이다. 아마 중국에 관심이 좀 있다고 하는 평범한 대한민국 사람의 평균 수준이거나 약간 더할 듯하다.

중국에 드나들기도 여러 번 했다. 방송 일을 하다 보니 유학생이나 장사하는 사람만큼은 아니겠지만, 그래도 기회가 많았다. 10년 동안 1년에 한두 차례 정도 꾸준히 베이징 공항을 밟았다.

원조 '자장미엔'도 먹어봤고, 한국에서 양꼬치가 유행하기 몇 년 전부터 이미 맛도 들였다. 중국 만두와 한국 만두가 어떻게 다른지, 만리장성에 올라가면 뭐가 보이는지, 베이징의 평범한 아줌마와 아저씨들이 왜 밤마다 공터에 모여 춤을 추는지, 콜라와 맥도날드를 중국인들은 뭐라고 부르는지를 가지고 술자리에서 떠들어대며 아는 척을 하곤 했다.

하지만 1년여를 살아본 베이징은 스치듯 다녔던 중국과는 많이 달랐다. 정해진 일정에 맞춰 렌터카를 타고 통역과 함께 다녔던 중국과, 지하철, 버스를 갈아타며 혼자 자전거로 누빈 베이징은 무척이나 달랐다. 앎의 깊이가 이동수단의 속도에 반비례한다는 사실을 새삼 절감했다.

낡은 골목으로 들어가야만 보이는 모습이 많았다. 그 속에서 본 허름함과 대비되는 혁신도 흔했다. 노인들도 지갑 대신 휴대폰을 꺼내 재래시장에서 장을 보는 풍경은 놀라움 자체였고, 6개월 만에 베이징 시내를 덮은 공유자전거 열풍은 변화의 속도가 얼마나 빠른지를 단적으로 보여줬다.

마침 체류하던 1년은 한중관계가 널뛰는 시점이었다. 사드에 한한령이 겹치면서 수교 이후 관계가 최악으로 얼어붙는 과정을 현장에서 목격했다. 사반세기 동안 쌓아왔다고 하는 공든 탑이 하루아침에 허물어질 수도 있음에 전문가들조차 경악했다.

종종 봐왔던 중일 갈등과 반일 시위의 대상이 우리가 될 수도 있다는 평범한 사실을 왜 몰랐는지 한탄하는 목소리가 여기저기서 들려왔다. 이제 대국이 깨어나면서, 주변 국가를 관리하려는 오래된 역사적 본능도 함께 깨어났음을 인정해야 한다는 생각이 들었다. 바다 건너편에서 한국을 관찰할 수 있었던 것은 덤이다.

그럼에도 대륙은 우리와 떼려야 뗄 수가 없는 관계라는 점도 분명했다. 베이징에서도 한참 떨어진 외딴 산골의 무너져가는 외벽에 한글로 또박또박 쓰인 "왜놈의 상관 놈들을 쏴 죽이고 총을 메고 조선의용군을 찾아오시오"라는 글귀 앞에서 마음이 묵직해졌다.

베이징의 대학로라는 우따오코우(五道口)에는 한글이 흔하고 유학생 중 한국인의 비율이 가장 높다는 것은 통계 수치가 보여준다. 무엇보다 동북에는 일제를 피해 짐을 챙겨 국경을 넘은 선대의 후손인 조선족이 자치주를 이루고 있다.

베이징의 일상을 단조롭게 보내고 싶지는 않았다. 무엇보다 머릿속에 막연하던 중국의 민낯을 보고 싶었다. 나름 부지런히 찾아다녔고, 궁금할 때마다 주변에 물었다. 그때그때 검색하고 글을 읽었다.

그렇게 틈틈이 기록한 것이 제법 쌓였다. 검색했던 키워드를 해시태그(#)로 모아봤다. 예전에 친한 후배와 〈해시태그(#)로 읽는 대한민국〉이라는 프로그램을 기획한 적이 있다. 책의 콘셉트는 그 기억에서 빌렸다. 중국에 대해 어느 정도 알고, 어느 정도 관심이 있는 이들과 공유해도 되겠다 싶은 판단이 들었다. 물론

민망함과 두려움이 없는 것은 아니다.

관중규표(管中窺豹)라는 성어가 있다. 대롱으로 표범을 본다는 뜻이다. 표범 전체를 보지 못하고 얼룩덜룩 반점만 보는 좁은 식견을 빗댄 말이다. 미숙한 글과 얕은 지식을 남들에게 보인다는 것에 망설임이 많았다. 하지만 중국은 배워야 할 가치가 있다는 확신이 있다. 질주하는 대륙의 속도는 상상 이상이다. 이 책을 읽고 그 흐름을 좇는 이가 한 명이라도 더 생겨야 우리의 미래가 있고, 생존이 있다고 믿는다.

KBS가 1년의 기회를 허락해줬다. 이름을 열거하는 것이 무의미할 정도로 많은 선후배, 동료들의 은혜를 입었다. 현지에서 맺은 인연들은 중국을 배우고 글을 쓰는 데 큰 보탬이 됐다.

고맙게도 중국정법대학 구효영 박사와 금창정 석사가 오랜 체류 경험을 바탕으로 내용에 오류가 있는지 꼼꼼히 챙겨줬다. 양가 부모님은 언제나 그렇듯 든든한 뒷배가 되어주셨다. 작가인 동생 덕분에 책을 낼 기회를 잡았다.

거친 글을 다듬어 읽을 만한 책으로 만들어준 21세기북스 편집자들께도 감사드린다. 무엇보다 남편과 아빠의 부재를 1년이나 참고 견뎌준 아내와 이서, 이재 두 딸에게 너무도 큰 빚을 졌다. 돌아와 딸들과 뒹굴거리며 잠들 수 있는 밤이 너무 좋기만 하다. "세상 그 무엇보다도 아빠가 잘할게." 마지막으로 이 책과 관련해 한 톨이라도 엮여 있는 모든 분들께 거듭, 머리 숙여 감사드린다.

러시아

카자흐스탄

키르기스스탄

신장웨이루얼자치구
(신장 위구르)

간쑤성
(감숙성)

칭하이성
(청해성)

시짱자치구
(티베트)

네팔

부탄

인도

방글라데시

윈난
(운남)

미얀마

태국

헤이룽장성
(흑룡강성)

지린성
(길림성)

랴오닝성
(요녕성)

북한

한국

네이멍구자치구
(내몽골)

베이징직할시
(북경)

텐진직할시
(천진)

허베이성
(화북성)

산시성
(산서성)

샤후이족자치구

산동성
(산동성)

허난성
(하남성)

장쑤성
(강소성)

산시성
(섬서성)

안후이성
(안휘성)

상하이직할시
(상해)

쓰촨성
(사천성)

후베이성
(호북성)

저장성
(절강성)

충칭직할시
(중경)

후난성
(호남성)

장시성
(강서성)

푸젠성
(복건성)

꾸이저우
(귀주성)

타이완(대만)

광시좡족자치구

광둥성
(광동성)

홍콩

마카오

베트남

하이난성(해남성)

필리핀

PART
1

혁신의 질주,
13억 명의
욕망이 폭발하고 있다!

위챗,
대륙은 위챗으로 천하 통일

#위챗 #웨이신 #모바일결제 #위챗페이 #즐푸바오 #텐센트이즘

# #

지하철을 이용하는 시민들의 시선이
스마트폰으로 향해 있는 것은
중국도 우리와 다르지 않다.
위챗의 힘은 여기에서 출발한다.

카카오톡이 죽었다. 베이징에 짐을 푼 첫날 그랬다. 학교 와이파이망에 접속하자마자 대화창의 글들은 숫자와 영어, 각종 기호가 조합된 난해한 형태로 변해버렸다. 풀기 어려운 암호처럼 보여, '죽었다'라는 표현이 제일 적당했다. 이름까지 알아볼 수 없게 되어버렸다. 분명 잘 도착했는지 묻는 것 같은데 누가 보냈는지 알 수가 없었다.

생각해보니 몇 번 촬영을 왔을 때도 카카오톡이 늦게 도착하거나 문제가 많았다. 그래도 며칠 다녀가는 촬영에 일정은 빠듯했기 때문에 갸우뚱하고는 그냥 넘어가기 마련이었다. 하지만 이제 며칠이 아니고 1년을 버텨야 하는 처지다. 구글과 페이스북이 안 되는 나라. 카카오톡이 그런 급이냐며 웃고 넘길 일은 아니었다.

바로 네이버에 중국, 카카오톡 같은 단어들을 넣어 검색을 해봤다. 중국에 비판적인 기사가 나오는 외국 언론사는 접속이 되지 않는다. 그 연장선에서 외국의 SNS도 안 된다. 분통이 터졌지만 그뿐이었다.

다음 날 수속을 도와준 한국 유학생에게 물었다. 한인들은 가

상사설망(VPN)을 이용한다고 했다. 일종의 우회로인데, 접속 품질을 생각해 대개 업체에 돈을 내고 이용한다고 했다. 그러면서 당연하다는 듯 덧붙였다.

"중국에 오셨으니 위챗 하셔야죠."

위챗(WeChat). 중국의 3대 IT기업 중 하나인 텐센트(腾讯, Tencent)에서 운영하는 모바일 메신저로 중국의 '카카오톡'이다. 중국 이름은 웨이신(微信)이다. 텐센트는 위챗의 이용자 수가 8억 9,000만 명(2017년 4월 기준)이라고 밝혔다. 스마트폰을 쓰는 거의 모든 중국인들이 사용하는 셈이다.

여권을 가지고 대리점에 가서 휴대폰을 개통했다. 그리고 도움을 받아가며 위챗을 깔았다. 투덜대면서 9억에 가까운 머릿수에 한 명 추가했다. 그리고 매일매일, 중국 생활의 적응은 바로 위챗을 사용하는 능력의 진화와 동일어임을 깨달아갔다.

처음 짐을 푼 곳은 대학교 기숙사였다. 지하 1층에 마트가 있었는데 구멍가게처럼 작았지만 학생들에게 필요한 모든 것이 알차게 진열되어 있어 자주 이용했다. 마트에는 과일 종류도 무척 많았다. 망고, 두리안 같은 열대 과일은 물론 복숭아, 포도, 사과, 자두에 하미과(중국 신장 지역이 원산지인 멜론의 일종)까지 과일 사 먹는 맛에 자주 들락거렸다.

게다가 중국은 과일이 무척 싸다. 수박 1통이 원화로 1,000원에서 2,000원 사이였다. 그런데 싼 것이 문제였다. 거의 쓸 일이 없는 작은 단위의 중국 동전이 쌓여만 갔다. 모았다가 내야

지, 내야지 했지만 어느덧 서랍이 잔돈들로 어지러워졌다.

그러기를 며칠, 무심코 지나치던 광경이 눈에 들어왔다. 과일을 몇 개 고른 학생이 휴대폰을 꺼내더니 계산대에 붙은 QR코드를 찍었다. 그러고는 아마 계산해야 할 돈이었을 것으로 짐작되는 숫자를 눌렀다. 계산 완료. 어떤 현금도 오가지 않았고, 그냥 "하오마?(好吗?, 됐죠?)"가 끝이었다.

처음 본 위챗페이였다. 한국에서 카카오페이나 삼성페이를 사용해보지 않았기 때문에 경이로웠다. 해보니 방법은 간단했다. 여권을 가지고 은행에 가서 계좌를 만들고 위챗에 들어가 은행계좌와 위챗페이를 연동시켰다. 액티브X, 공인인증서 같은 것은 필요 없었다. 카드번호와 비밀번호, 문자로 오는 인증번호만 몇 번 누르는 것이 전부였다.

그 결과, 지갑이 얇아졌다. 중국 생활 첫 며칠, 불안한 마음에 지갑엔 현금이 가득했다. 하지만 위챗페이에 가입한 이후로 지갑의 지폐가 필요 없어졌다. 물건을 고르고 계산대에 있는 QR코드를 찍고 금액을 입력한다. 주인아주머니 역시 휴대폰을 들고 금액이 맞게 들어왔는지만 확인한다. 이미 알리페이[즐푸바오(支付宝)]를 비롯한 많은 유사 결제수단이 존재하지만 압도적인 사용자를 바탕으로 위챗페이가 무섭게 확장 중이라고 했다.

학교 쪽문 앞에는 리어카에서 전병 비슷한 먹거리를 파는 노점이 여럿 있었다. 역시 결제는 위챗이었다. 문화대혁명 때나 입었을 법한 남루하고 해진 옷을 입고 기름에 계란을 지지던 노점 아저씨는 돈을 받지도 주지도 않았다. 휴대폰 화면만 확인할 뿐이었다. 날이 추워지자 등장한 군고구마 장수도 마찬가지였다. 기숙사에서 나와 오피스텔을 얻었을 때는 집세도, 전기·수도 같은 공과금도 모두 부동산에 위챗으로 보냈다.

위챗페이라는 문을 열자 더 흥미로운 신세계도 여럿 접할 수 있었다. 한국도 지금 더치페이를 하는 문화가 점점 퍼지고 있다. 계산대에서 저마다 카드를 꺼내드는 통에 식당 주인들이 시간도 더 걸리고 수수료 문제도 있고 해서 울상이라는 뉴스를 본 적이 있다.

그런데 위챗페이에는 'AA'라는 기능이 있다. 간단하다. 친구 3명과 밥을 먹고 계산은 내가 한다. AA로 들어가서 총액과 사람 수를 누르면 1인당 얼마인지가 계산된다. 친구 3명을 선택하면 그들에게 "나에게 밥 값 얼마를 보내줘"라는 공지가 위챗으로 간다. 거기에 맞춰 돈을 보내주면 끝이다. 채 1분도 걸리지 않는다. 'AA즈(AA制)'는 더치페이를 가리키는 말이 됐다.

처음 이야기를 들을 때는 '이게 뭐지' 했고, 사실 지금도 '왜 이런 걸 하지'라고 고개를 갸우뚱하게 만드는 '훙빠오(紅包)'라는 기능도 있다. 내가 친구 여러 명에게 돈을 얼마 준다고 훙빠오를 통해 올리면 무작위로 친구들이 당첨되는 방식이다. 명절에 많이 하는데 일종의 세뱃돈이다. 사장이 직원들에게 이벤트로도 가끔 한다. 재미 삼아 친구들끼리도 많이 한다고 하는데, 몰아주기 때문에 가끔 쏠쏠한 경우도 있다고 했다. '중국인들은 도

박을 좋아한다더니 그 때문인가' 하는 생각이 들기도 했다. 그러면서도 어느 순간 지인들이 홍빠오를 한다고 하면 눈을 번뜩이는 나를 발견하곤 했다.

✖

지하철과 버스 안의 풍경은 한국과 다를 바 없다. 많은 사람들이 귀에 이어폰을 꽂고 스마트폰을 주시하고 있다. 게임을 하는 이도 있고 드라마나 예능을 보는 이도 있다. 중국어 자막으로 가득한 〈런닝맨〉 같은 한국 프로그램을 보는 사람도 심심치 않게 발견할 수 있다.

그 가운데 손가락으로 화면을 연신 훑어 내려가며 무언가를 읽는 사람도 많다. 뭘 읽는지 몇 번 힐끔거렸었는데, 상당수가 위챗을 통해 읽을거리를 소비하고 있다는 사실은 시간이 좀 더 흐른 후에 알았다.

가족이 온다고 해서 여행사를 통해 호텔을 예약했었다. 한국 신용카드로 결제를 하느라 직접 여행사 사무실로 가야 했다. 혹시 다른 여행 상품은 뭐가 있나 해서 직원에게 팸플릿이나 상품을 모아놓은 책자가 있는지 물었다. "메이요(沒有. 없어요)." 친절한 표정의 직원이 고개를 저으며 손으로 가리킨 것은 역시나 위챗의 QR코드였다.

여행사의 QR코드를 찍는 순간 여행 상품의 구독자가 되어버렸다. 정기적으로 여행 상품 안내가 오고, 새로운 코스가 출시되면 위챗에 새 소식이 떴다. 어느 호텔이 특가로 싸게 나왔는지까지 시시콜콜했다. 화장품에 관심이 있는 사람은 화장품 회사를, 특정 신문이나 방송 같은 언론에 관심 있는 사람은 해당 매체를 등록하면 위챗을 통해 뉴스와 잡지를 읽게 되는 셈이다. 각자의 관심에 맞춰 세분화된 읽을거리를 조합한 것들이 넘쳐나니 위챗에서 눈을 떼려야 뗄 수가 없다.

펑요우취엔(朋友圈, 친구들이 모인 구역)이라고 불리는 위챗의 모멘트 기능은 페이스북 못지않다. 페이스북에 소소한 일상을 올리는 것처럼 각자의 일상이나 의견, 정보 등을 모멘트를 통해 공유한다. 관심사가 같은 친구들끼리 위챗 안에서 자연스럽게 뭉치게 된다.

외국인이라면 한 번 더 화면을 꾸욱 눌러본다. 번역 기능이 있다. 구글, 네이버 등 여타의 번역기가 그렇듯 만족스럽지는 않지만 어느 정도 유추할 수 있을 정도는 된다. 사업차 중국을 들르는 외국인이라면 무척 유용하겠다 싶었다. 중국어를 처음 배우는 입장에서 가끔 요긴하게 써먹었다. 위챗을 통해 자신이 있는 위치를 친구와 공유할 수도 있고, 즐겨찾기도 된다. 무전기처럼 사용하기도 하고 동영상 촬영도 가능하다. 위챗에서 빠져 나올 수가 없다.

〈한겨레〉 칼럼은 카카오톡처럼 상대방이 읽었는지가 표시되지 않는 위챗의 특성에 주목했다. "웨이신에서 느낀 '거기까지만 합시다' 하는 사생활 보호 분위기와 중국이 정치·인권 등에서 강조하는 '중국 나름의 모델'이 겹쳐 보이기도 했다"고 해석했다. 가끔 우리와는 다르다고 생각했던 바를 예의 날카로운 시선으로 짚어냈다고 본다. 동시에 위챗을 통해 중국을 읽을 수도 있다는 생각이 들었다.

정당을 해산해버리고 배신의 딱지를 붙여 국회의원을 내쫓은 서슬 퍼랬던 우리의 전직 대통령은 임기 초에 중국 사람들이 〈별에서 온 그대〉의 '천송이 코트'를 사야 한다며 복잡한 규제의 철폐를 말했었다. 여전히 우리는 공인인증서의 덫에 갇혀 있다. 액티브X는 대통령도 건드리지 못하는 신성불가침이다.

그 사이 위챗은 단순하게 중국인들이 많이 쓰는, 외국을 모방한 그저 그런 모바일 메신저에서 나아가 핀테크(FinTech)와 결합하며 덩치를 키웠다. 거래액이 수백조 원을 넘어섰고 스스로 미디어로, 플랫폼으로 진화를 거듭하고 있다. 위챗을 통해 국경을 넘나드는 장사꾼, 이른바 웨이상(微商)들은 끝을 모른 채로 뻗어나가고 있다. 택배도, 배달 음식도, 각종 세금에 기차표, 영화표 예매도 모두 위챗만 있으면 가능하다. 심지어 저렴하게 구매할 수도 있다.

모기업인 텐센트는 위챗 홈페이지에 아침에 눈을 떠 기상할 때부터 출근해 업무를 보고 퇴근해 가족과 함께 여가시간을 보내는 중국인의 일상에 어떻게 위챗이 함께하고 있는지를 자신만만하게 정리해놨다. 위챗 안에 중국을 담았다. 텐센트가 만든 세상, 이른바 '텐센트이즘'이다. 2011년 세상에 몸을 드러낸 위챗, 대륙은 이미 위챗 천하다.

중국, 한 걸음 더 들어가기

베이징에 혼자 왔다. 덕분에 한국에 남은 가족도 스마트폰에 위챗을 다운받았다. 음성, 영상을 가리지 않고 양호한 품질의 통화를 수시로 이용했다. 거의 매일 가족과 얼굴을 맞대고 아이들이 저녁에 반찬 투정은 했는지 안 했는지, 어린이집에서는 무얼 하고 놀았는지 일상을 떠들어댔다.

그런데 한국에서는 위챗을 이용하는 데 아무 문제가 없는데, 왜 중국에서는 카카오톡이 골골대는지. 어쩔 때는 잘 되다가도 어김없이 먹통인 때가 잦았다. 무역 장벽 아닌가? 왜 중국에 항의하지 않는 걸까? 궁금해서 물어보려고 카카오톡 홈페이지에 접속해봤다. 역시나 "이 페이지를 표시할 수 없습니다"만 볼 수 있었다.

공유경제,
기술보다 무서운 건 시장이다

#공유자전거 #모바이크 #오포 #띠디추싱 #숙박공유

# #

형형색색의 공유자전거가
반년 만에 베이징 시내를 뒤덮었다.
휴대폰 앱을 실행하면 누구나 이용할 수 있다.
혁신 대륙이 질주하는 속도가 실감났다.

베이징의 대학로인 우따오코우(五道口) 근처에서 살다 보니 대학 캠퍼스를 지날 일이 많았다. 캠퍼스에서 주요 이동수단은 자전거와 전동 오토바이다. 물론 걸을 수 있는 길도 따로 있다.

베이징 도착 기념으로 특파원 선배가 자전거 한 대를 물려주었는데, 나도 그 무리에 끼어 자전거를 타고 다녔다. 자동차와 엉켜서 도로를 달리는 것이 겁도 나고 해서 좀 돌아가더라도 대학이 보이면 캠퍼스를 통과해서 갔다. 활기에 넘치는 중국 대학생들의 모습도 좋았다.

그런데 언젠가부터 노란색과 주황색의 같은 자전거를 타고 다니는 학생들이 제법 눈에 들어왔다. 궁금증을 견디지 못하고 물어봤다. 돈 내고 타는 공유자전거라고 했다. 당장 검색해서 앱을 깔았다. 노란색은 오포(ofo)라는 앱을 깔면 되고, 주황색은 모바이크(摩拜单车, mobike)라는 앱을 깔면 됐다. 앱을 깔고 실행하자 근처에 있는 자전거 현황이 휴대폰 화면에 떴다. 가장 가까운 한 대를 클릭하면 예약이 된다. 가는 길도 화면에 표시된다. 15분 안에만 가면 된다. 사실 예약도 거의 필요 없었다. 어디든 고개를 돌리면 자전거가 한 대쯤은 있었다. 자전거를 찾아 QR코드를 스캔하면 잠금장치가 풀린다.

목적지까지 이동한 후에는 아무 데나 적당한 곳에 세워두면 된다. 잠그는 것도 매우 간단하다. 잠금장치를 탁 소리가 나게 누르자 앱에는 사용한 시간과 거리, 소모한 칼로리, 이용 요금이 떴다. 모바이크의 이용 요금은 30분에 1위안, 170원이다. 많이 타봐야 1시간 이내일 것 같으니 300원을 넘지 않는다.

오포는 더 싸다. 오포는 주로 캠퍼스 내의 대학생들이 이용하는데, 학생은 1시간에 0.5위안으로 100원이 안 된다. 처음 가입할 때는 보증금이 있다. 모바이크는 299위안이다. 물론 탈퇴할 때 돌려받을 수 있다.

사실 매번 자전거를 가지고 외출하는 것은 번거로운 일이다. 그런데 근처를 둘러보면 쉽게 찾을 수 있고, 다 타면 아무 곳에나 세우면 된다. 필요가 창업을 낳는다. 오포는 베이징대 학생들이 처음 시작했다. 목마른 학생들이 우물을 팠고, 파자마자 맑은 물이 펑펑 솟아올랐다. 이 편리함으로 공유자전거는 삽시간에 무섭게 이용자를 늘려가고 있다. 파란색 자전거 블루고고 (bluegogo)까지 등장했다. 가을에 처음 눈에 들어왔는데 반년 만에 베이징 전역이 알록달록한 공유자전거 물결로 덮였다.

인터넷 시장조사기관인 아이미디어 리서치(iiMedia Research)가 발표한 '2016 중국 자전거 렌털 시장 분석 보고서'는 현재 중국의 공유자전거 이용자를 400만 명으로 집계했다. 또 2020년에는 1,000만 명을 넘을 것으로 예상했다. 서울의 인구와 맞먹는 수다. 초기 보고서라 숫자가 작지만 체감으로는 이미 그 이상이다.

내친김에 이뚜용처(一度用车)라는 차량공유앱도 설치했다. 등록하는 데 여권과 면허증이 필요했고, 사진을 찍어 올려서 회원가입을 했다. 앱을 실행하자 근처에 있는 차량들이 휴대폰 화면에 떴다. 자전거만큼 많지는 않았다. 베이징에 100여 대 남짓 있는 것으로 보아 아직 사업 초기인 듯 보였다.

걸어서 10분 거리에 있는 전기차를 선택했다. 클릭하면 차의 위치를 알려주고 차를 여는 것도 앱으로 한다. 시간과 거리에 따라 요금이 부과된다. 물론 결제는 휴대폰으로 한다. 위챗페이나 알리페이 모두 가능하다. 사용이 끝나면 시동을 끄고 역시 앱으로 차를 닫을 수 있다. 아직은 차를 찾기가 번거롭고 사고가 나거나 고장이 발생할 경우 등 불편한 점이 많아 보였지만, 역시 어느 순간 규모가 커지면 렌터카 업체들이 긴장해야 하는 경쟁자가 될 수도 있지 싶었다.

✖

2.0을 생략하고 바로 3.0, 4.0의 시대로 진입한 중국에서 요즘 '핫'한 키워드가 바로 공유경제다. 공유경제는 한 번 생산한 제

품을 구매한 사람이 독점해서 쓰는 것이 아니라, 여러 명이 함께 사용하는 경제활동 방식이다. 협력하는 똑똑한 소비다.

스마트폰으로 모든 생활이 집약되면서 개인이 소유한 물품을 다른 사람과 함께 이용하는 거래가 가능해졌다. 공유경제는 IT기술의 발전과 함께 급속도로 확산됐다. 차량공유 서비스인 우버(Uber)와 숙박공유 서비스인 에어비앤비(Airbnb)가 대표 주자다.

하지만 우버와 에어비앤비의 본고장인 미국을 위협할 정도로 공유경제가 가파르게 성장하고 있는 곳이 중국이다. 국가정보센터에 의하면 중국의 공유경제 시장은 지난 5년간 해마다 65%씩 성장했다. 2015년 기준 시장 규모는 1조 9,500억 위안이다. 우리 돈으로 300조가 넘는다. 중국 경제의 총사령탑인 리커창 총리가 이에 대해 직접 언급하기도 했다. 전국인민대표대회 개막식에서 리커창은 "신기술과 신산업 등의 성장을 가속화하려면 체제 혁신으로 공유경제 발전을 촉진해야 한다"고 말했다.

《인민일보(人民日報)》에도 "공유경제 발전 지지"라는 문구가 등장했다. 공산당 지도부의 관심은 곧 관련 산업의 팽창으로 이어진다. 공유경제 열기가 식지 않을 것임을 알려준다. 사회주의 국가인 중국인의 집단정신이나 놀라운 속도의 도시화가 공유경제의 발전을 촉진하고 있다는 분석도 있다.

사실 공유경제는 세계적인 화두다. 차량공유, 숙박공유로 시작하더니 지금은 사무실, 옷, 장난감, 생활용품, 심지어 택배 서비스까지 생각이 가능한 모든 분야로 뻗어나가고 있다.

일본에서는 대기업이 주차장공유 사업에 진출했다. 개인이나 기업이 보유하고 있는 주차장을 등록해 공유하는데, 개인을 대상으로 한 주차장공유 기업인 파크24(パーク24)는 회원만 600만 명에 육박한다. 심지어는 드넓은 몽골 초원의 유목민들이 그들의 이동식 주택인 게르(Ger)를 에어비앤비에 등록해 돈을 벌기도 한다.

하지만 전에 없던 새로운 사업의 출현에 세계 각국은 몸살을 앓기도 한다. 차량공유 서비스인 우버에 대해 불법 자가용 영업이라는 택시기사들의 집단 반발이 거세다. 에어비앤비 역시 유사 숙박업 논란에서 자유롭지 못하다. 금융에 공유경제를 접목한 몇몇 서비스들도 유사 수신 논란에 휩싸여 처벌의 대상이 되기도 한다. 기존의 법과 규제는 견고하다. 지금은 충돌하며 힘겨루기를 하고 있는 양상이다. 우리나라도 마찬가지다. 우버를 비롯한 많은 서비스들이 발을 붙이지 못하고 있다.

그런데 중국은 조금 다르다. 규제가 없거나 만들어지는 속도가 느려서 그런지는 모르겠지만, 상상 가능한 공유경제 서비스들이 창업 열기와 함께 태어나고 또 없어지기를 반복한다. 외국의 유명 회사들을 베끼다시피 했는데도 특유의 내수시장을 발판으로 엄청나게 성장하기도 한다.

중국에 짐을 푸는 사람이라면 가장 먼저 다운받는 앱이 띠디추싱(滴滴出行)이라는 콜택시앱이다. 택시를 잡기보다는 띠디앱을 이용하는 것이 습관이 될 정도다. 기사가 1,400만 명이 넘고 이용자가 2억 5,000만 명에 이른다는 통계가 있을 정도로 시장을 장악했다. 결국 띠디추싱은 차량공유앱의 아버지 격인 우버를 중국 시장에서 몰아냈다.

에어비앤비가 중국 내 서비스를 제공하긴 하지만 중국인들은 투지아(途家)나 샤오주돤주(小豬短租)가 더 익숙하다. 중국에 오기 전에는 주로 에어비앤비를 검색했지만 중국에 도착한 다음부터는 여행갈 때 투지아를 찾아본다. 집에서 사용하지 않고 놀리는 물건을 공유하는 앱들도 종류별로 있다. 찾아보는 재미가 쏠쏠하다고 들었다.

1년이 다르고 한 달이 다르고 하루가 다르다. 또 어떤 서비스가 생겨날지 궁금할 때도 있다. 혹 이런 것도 가능할까 하는 생각이 들 때 누군가는 그것을 끙끙대며 만들어 선보이고 있다. 엎어지고 실패를 거듭하면서 알게 모르게 휴대폰 속에 자리 잡는다.

전망에는 비관도 낙관도 있다. 아직 수익을 내지 못하는 서비스들에 엄청난 금액이 투자되는 것을 보면서 거품이라고 비아냥대는 전문가들도 있다. 베낀 것 이상이 있냐며 애써 평가 절하하기도 한다. 하지만 하루에도 몇 번씩 앱을 켜고 누를 때면 가끔 IT 강국 한국에서 온 이방인답지 않게 이들이 부러울 때가 있다.

공유경제 참여 인구가 5억 명에 육박하고 2020년에는 전체

경제의 10% 이상을 차지할 것이라는 수치들이 부러운 것은 아니다. 중요한 것은 13억 대륙을 상대로 온갖 종류의 실험이 가능하다는 상황, 그 자체다. 그 가능성이 수많은 서비스들을 낳는다. 온갖 규제에 시달리다가 사업을 접었다는 한국 청년들의 낙담을 뉴스에서 볼 때면 자연스레 중국과 비교하게 된다. 그리고 동시에 조급해진다. 곧 IT 강국이라는 팻말을 중국에 넘겨줄지 모른다. 어쩌면 이미 넘겨줬는지도 모를 일이다.

왕훙, 중국의 90년대생들은
무엇에 열광하는가

#왕훙 #잉커 #웨이보 #빠링허우 #지우링허우

# #

왕훙의 말 한마디에
수백만 수천만 명이 들썩거린다.
돈 냄새를 맡은 기업들이 몰려들면서
모바일 그 자체가 거대한 시장이 됐다.

화장기 없는 맨얼굴이다. 가끔 자다 막 일어난 것처럼 머리도 어수선하다. 비쩍 말랐는데, 보통 집에 있는 모양이라 '추리닝' 차림일 때도 있다. 말이 엄청 빠르다. 매주 한 번 속사포처럼 5분 남짓 쏟아낸다. 별다른 이야기가 아니다. 술 먹고 주정한 이야기, 연애 경험담, 물건 살 때 에피소드, 직장 뒷담화. 어찌 보면 평범하다. 표정이 재밌긴 하지만 개그맨 수준은 아니다. 보라고 알려준 중국 친구 말이 비속어도 많이 쓴다고 한다. 처음 봤을 때는 뭐지 했다. 그다지 특별해 보이는 것을 찾을 수 없었다. 말이 어찌나 빠른지 도무지 못 알아들을 뿐이었다.

그녀의 이름은 파피장(Papi醬), 1987년 상하이에서 태어난 이 젊은 여성은 지금 중국 최고의 인터넷 스타 중 한 명이다. 2015년부터 SNS인 웨이보(微博)에 자신의 동영상을 올리기 시작했는데, 2년 만에 팔로워가 2,000만 명이 넘었다. 2016년 파피장의 가치가 1억 위안이 넘는다는 기사가 있었다. 우리 돈으로 170억 원이다. 자신의 방송에 나올 광고를 경매에 붙였는데 2,200만 위안에 낙찰됐다는 기사도 있다. 우리 돈 39억 원이다.

파피장은 현재 중국 최고의 '왕홍(网红)'이다. 왕홍은 왕루어홍런(网络红人)의 줄임말로 인터넷에서 유명한 사람, '핫'한 사람이라는 뜻이다. 한국의 파워블로거 또는 아프리카TV의 BJ를 생각하면 쉽다. 스마트폰이 창조한 신대륙의 주인공으로, 휴대폰으로 손쉽게 자기를 찍는 1인 방송국인 셈이다.

왕홍의 팔로워는 곧 시청자다. 펀쓰(粉丝, 팬)라고 하는 팔로워들의 숫자가 왕홍의 인기와 수입을 결정한다. 그 수가 적게는 수천 명에서 많게는 수천만 명이다. 인기 왕홍의 말 한마디가 얼마나 많은 사람에게 직접 전달되는지 알 수 있다.

2016년 리우데자네이루 올림픽 때 깜짝 스타가 된 중국 선수가 있다. 수영선수 푸위엔후이(傅园慧)다. 여자 배영 100미터 결승에서 경기가 막 끝난 후 카메라를 들이댄 기자가 기록을 알려주자 내가 그렇게 빨리 들어왔냐며 좋아하던 그 선수다. 푸위엔후이 선수의 천진난만한 표정은 인터넷을 뜨겁게 달궜고, 바로 웨이보 팔로워 수가 수백만 명 늘었다. 올리는 사진 한 장, 단어 한마디가 모두 화제가 됐다. 휴대폰으로 1인 생방송을 했는데 동시 접속자 수가 1,000만 명이 넘었다. 역대 최고 접속자 수였다고 한다.

모델 출신 장따이(张大奕)는 왕홍을 이용한 마케팅의 힘을 보여줬다. 그녀는 알리바바(阿里巴巴)의 인터넷 쇼핑몰인 타오바오(淘宝)에서 여성의류를 판매하고 있는데, 옷에 대한 세세한 설명을 웨이보에 올린다. 2016년 6월 2시간 동안 생방송을 했는데

41만 명이 보고 2,000만 위안이 넘는 매출을 기록했다고 한다. 장따이의 웨이보 팔로워도 수백만 명이다.

왕홍이 다루는 범위는 넓다. 동영상 사이트 유쿠(优酷)에 왕니마(王尼玛)라고 치면 우스꽝스러운 가면을 쓴 남자가 진행하는 폭주대사건(暴走大事件)이라는 동영상 시리즈가 나온다. 가면을 쓰고 앵커처럼 책상에 앉아 뉴스를 진행하는 첫 동영상이 나온 것이 2013년이다. 시즌제처럼 매년 수십 개의 동영상을 만들어 업로드한다. 그는 불량식품 문제, 연예인들의 사건사고, 주식과 부동산 투기 등 폭넓은 사회 문제를 다룬다. 물론 우스운 풍자로 풀어내는 방식이다. 시즌1의 조회수는 모두 합쳐 7,071만 뷰였다. 시즌2는 1억 8,000만, 시즌3은 7억 1,000만이 되더니 2015년 시즌5의 78개 동영상은 총 조회수가 14억 3,000만 뷰였고, 지금도 늘고 있다.

신대륙이 발견되자 너도나도 왕홍을 꿈꾸며 휴대폰 앞에 앉았다. 그런 사람들을 모은 개인 방송 플랫폼만 해도 200개가 넘고 회원수가 3억 2,500만 명이라는 통계가 있다. 대표적인 플랫폼으로는 메이파이(美拍), 콰이소우(快手)가 유명하다.

가장 인기 있는 모바일 플랫폼은 생방송을 전문으로 하는 '잉커(映客)'다. 수영선수 푸위엔후이의 라이브도 잉커에서 했다. 잉커 즈보어라는 앱을 다운받으면 볼 수 있다. 즈보어(直播)는 생방송이라는 뜻이다. 올빼미 모양의 앱을 클릭하면 잉커를 통해 현재 방송을 하고 있는 수많은 왕홍들을 만날 수 있다.

메뉴는 간단하다. 내가 관심이 있는 방송, 현재 인기 많은 방송, 지금 내 근처에서 하고 있는 방송, 예술, 노래 등으로 분류된다. 카테고리로 들어가면 왕홍의 프로필 사진이 쭉 뜨고, 사진을 누르면 각각의 생방송을 볼 수 있다.

저마다 카메라 앞에서 노래를 부르고 기타를 치고 춤을 춘다. 바이올린, 가야금을 켜거나 드럼을 치는 사람도 있다. 현재 방송을 보고 있는 사람의 숫자와 그들의 댓글이 실시간으로 화면에 표시된다. 왕홍은 시청자와 대화하면서 1인 방송을 진행한다. MBC 프로그램 〈마이 리틀 텔레비전〉이 수백, 수천 개가 넘는 셈이다.

당시 나는 1인실 기숙사에서 살았고 중국어도 서투르다 보니 '혼밥'이나 '혼술' 같은 혼자 놀기를 제대로 섭렵할 수밖에 없었다. 이때 도움이 많이 됐던 것이 바로 잉커다. 처음에는 방송이 너무 많아서 고민했는데, 검색을 통해 관심 있는 방송을 찾을 수 있었다. 보통 몇 만 명이 동시에 같이 시청하고 있다. 그들이 노래 부르는 것을 듣고 중국말을 귀동냥하다 보면 시간 가는 줄 몰랐다.

가끔 '선물하기'를 꾸욱 누르는데 결제도 위챗으로 간편하다. 아프리카TV처럼 선물하기는 왕홍들의 주 수입원 중 하나다. 〈캐스트 어웨이〉라는 영화를 보면 톰 행크스가 비행기 추락 사고로 무인도에 혼자 불시착한다. 함께 떠내려온 배구공에 사람 얼굴을 그리고 윌슨이라는 이름을 붙인다. 윌슨에게 말도 건네고 같이 밥도 먹는다. 잉커는 내게 혼자 놀기를 하던 중에 만난 '윌슨'이었던 셈이다.

중국도 점차 1인 가구가 늘고 있다. 두이주(独一族, 독일족)라고 한다. 혼자 밥을 먹는 종족과 혼자 술을 먹는 종족도 늘고 있다. 이들 역시 밤마다 저마다의 윌슨을 찾아 스마트폰을 손에서 놓지 않는다.

✖

왕홍에 열광하는 펀쓰들은 나이를 가리지 않는다. 의외로 40~50대들이 많다는 얘기를 들었다. 하지만 왕홍을 꿈꾸며 이 세계를 주도하는 이들은 주로 20~30대다.

중국을 이해하는 키워드 중 하나가 빠링허우(八零后, 80후)와 지우링허우(九零后, 90후)다. 빠링허우는 1980년대 이후에, 지우링허우는 1990년대 이후에 태어난 젊은 세대다.

개혁개방이 시작된 이후로, 마오쩌둥도 문화대혁명도 이들에겐 남의 일이다. 부가 팽창하기 시작할 때 나고 자랐다. 집에 자녀는 자신 1명밖에 없었다. 사회주의 신중국이 생긴 이래 돈을 쓸 줄 아는 최초의 세대다. 자신을 꾸미고 자신을 위해 투자할 줄 아는 점에서 부모 세대와 많이 다르다.

중국에 진출하는 기업들이 주요 마케팅 대상으로 삼는 타깃도 빠링허우와 지우링허우다. 지금 이들이 세상을 보는 창은 스마트폰이다. 왕훙을 만들어내고 때론 스스로 왕훙이 되려고 애쓴다. 상황이 이러니 기업들은 경쟁적으로 왕훙 모시기에 나선다. 왕훙 경제, 왕훙 마케팅, 왕훙 산업이라는 신조어들이 쏟아졌다. 한국무역협회에서 '중국 온라인 마케팅의 핫이슈, 왕훙'이라는 보고서를 냈다. 보고서는 왕훙 산업의 규모를 2016년 528억 위안으로 추산했다. 우리 돈 9조 원에 육박하는 돈이다. 2018년에는 두 배인 1,026억 위안이 될 것으로 전망했다.

예를 들어 새로운 화장품이 출시되면 기업은 론칭 행사에 왕훙을 초대한다. 참석한 왕훙은 행사를 생중계한다. 지켜보는 시청자들의 요구에 맞춰 즉석에서 직접 발라보기도 하고, 궁금한 것을 기업 관계자에게 물어보기도 한다. 신상 화장품은 물론이거니와 기업의 웨이보나 위챗 계정이 계속 노출되며 팔로워가 늘어난다. 왕훙은 화장품을 자신의 방송 뒤에 붙인 홈쇼핑에서 직접 팔기도 한다. 그렇게 왕훙의 입을 빌려 제품을 홍보하는 기업과 스스로 상품을 판매하는 왕훙들이 어우러져 수십조 원의 시장을 만들고 있다.

왕훙으로 성장한 중국 모바일 플랫폼들은 이제 한국의 왕훙에 관심을 쏟기 시작했다. 칭화대에서 MBA를 하고 있는 후배를 만났다. 마지막 학기라 잉커에서 인턴을 하고 있었다. 후배 말에 의하면 잉커가 한국에 지사를 내려고 준비 중이라고 했다.

한국도 몇 해 전부터 아프리카TV를 중심으로 인터넷 스타들을 배출하고 있다. 이들을 발굴하고 관리하고 제작하는 데 투자가 이어진다. CJ와 네이버 같이 최전선에 있는 기업들이 일찌감치 뛰어들었다.

잉커 역시 한국 진출을 염두에 두고 한국의 왕홍을 발굴하는 일을 하려 했다. 한참 경력이 있는 관리자를 찾는 중이었는데, 말이 오가는 사람 중에 지상파 PD도 있다고 귀띔한다. 돈은 충분하냐고 농담 삼아 물었더니 회사가 돈 걱정은 안하는 듯하다고 역시 농담 반 진담 반으로 답한다.

대도서관, 씬님, 양띵, 김이브, 악어, 철구, 로이조, 영국남자 조쉬. 만약 이런 이름들을 알고 있다면 왕홍 역시 조금 더 쉽게 이해할 수 있다. 왕홍을 즐긴다면 새로운 시장이 열리고 있다는 것도 알 수 있다. 곧 '#한궈(韓国, 한국)'라는 해시태그를 붙인 왕홍들이 바다 건너 중국을 향해 스마트폰을 들고 있는 모습을 보게 될지 모른다.

왕홍 뒤에 천문학적인 판돈이 걸려 있다. 근엄하게 넥타이를 매고 이게 뭐지 하며 들여다볼 시간이 없는 것은 물론, 넥타이 풀 시간도 없이 뛰어들어야 할지도 모르는 변화가 가까이에 있다.

중국, 한 걸음 더 들어가기

아프리카TV나 유튜브는 PC와 모바일이 혼재되어 있는데 반해 중국의 동영상 플랫폼들은 철저하게 모바일이다. 이들은 PC도 건너뛴 셈이다. 노트북도 웹캠도 별도의 마이크도 필요 없이 스마트폰 녹화 버튼만 누르면 바로 방송을 시작할 수 있다.

이 모든 걸 가능하게 하는 힘은 물론 결제다. 알리페이와 위챗페이를 기반으로 한 모바일 혁명은 돈이라는 날개를 달고 훨훨 날아오른다. 우리도 전 국민이 쓴다는 카카오톡이 있다. 원고를 집필하다 카카오TV가 곧 선보인다는 기사를 읽었다. 그러나 카카오페이가 우선이다. 중국처럼 길거리에서 야밤에 군고구마를 사면서도 카카오페이로 결제할 수 있어야 한다.

기업도, 일반인도, 창조경제에 골몰하는 정부 관료들도 모두 해야 할 일이 무엇인지를 알고 있다. 알았으니, 하면 된다. 망설이는 그 몇 년 짧은 시간에 중국 기업들이 한국행을 준비하고 있다. 시간은 절대 망설이는 사람의 편에 서지 않는다.

모바일 동영상,
TV 앞을 떠나는 사람들

#모바일콘텐츠 #동영상플랫폼 #유쿠 #아이치이

# #

중국판 유튜브인 아이치이, 유쿠와 같은
동영상 플랫폼 광고가 쇼핑몰 벽면을 장식하고 있다.
기술의 발전으로 대형 TV는 싼 가격으로 쏟아지는데,
정작 젊은 세대는 TV 앞을 떠나고 있다.

찬바람이 불 때쯤 선배가 출장을 왔다. 보통 PD의 출장은 취재와 촬영이라 장비를 바리바리 싸들고 풍찬노숙을 견딜 수 있을 법한, 세상에서 제일 두꺼워 보이는 점퍼 차림이 필수다. 그런데 이번엔 달랐다. 옷차림도 비교적 깔끔했고 손에는 제안서가 들려 있었다. 세일즈맨 같다고 놀렸더니 진짜 세일즈를 하러 왔다고 받아친다.

중국어로 정리해놓은 제안서에 KBS의 프로그램 타이틀이 여러 개 보였다. '통상적인 방송 프로그램 판매라면 베이징 현지에 있는 KBS차이나가 하면 될 텐데'라고 의아해 하며 꼬치꼬치 캐물었다. 선배는 중국 모바일 시장에 특화한 콘텐츠를 공급하고 싶어 했다.

예를 들어 〈생로병사의 비밀〉이라는 의학 정보 프로그램이 있다. 기존 같았으면 자막과 더빙 작업을 새로 해 중국 방송국에 공급하는 것이 전부다. 예능, 드라마와는 달리 교양 다큐멘터리 프로그램은 관심 있는 사람도 별로 없고 높은 가격도 받지 못하기 때문이다.

그런데 선배는 〈생로병사의 비밀〉 중간 중간에 나오는 컴퓨터 그래픽(CG)에 주목했다. KBS 특수영상실은 매주 〈생로병사의 비밀〉 방송 주제에 맞는 컴퓨터 그래픽을 제작한다. 병균이 몸속에 침투하는 과정, 질병을 퇴치하기 위해 신체 내부에서 일어나는 현상, 특정 물질에 반응하는 신체 각 기관의 작용 등 매번 정교하고 사실적인 3D 그래픽이 전파를 탄다.

이 프로그램은 10여 년을 방송했으니 매주 방송을 하고 나면 찾는 사람 없이 차곡차곡 자료실에 쌓이는 CG의 양이 엄청나다. '이 방대한 아카이브를 활용할 수 없을까?'라는 의문이 출발점이었다.

선배는 베이징에 모바일 콘텐츠 시장이 섰다는 얘기를 듣고 바다를 건넜다고 한다. CG 앞뒤로 중국에서 제작한 짧은 동영상 클립을 붙여 재가공해 공급하는 것을 유쿠나 아이치이(爱奇艺) 같은 동영상 사이트 여러 군데에 타진하고 다녔다.

KBS에서 10여 년 동안 이어온 장수 프로그램인 〈걸어서 세계 속으로〉도 마찬가지다. 이 프로그램은 전 세계 구석구석을 HD 카메라로 촬영했다. 그루지아 산골의 촌부가 요구르트 마시는 모습, 중국 티베트 협곡을 따라 위태롭게 길을 걷는 순례자들의 행렬, 남아메리카 안데스 산맥 속 원주민들이 전통 방식으로 옷감을 짜는 장면이 모두 자료실에 쌓여 있다.

세계 지도를 펴놓고 간 곳을 모두 찍어보면 재미있겠다는 후배의 재기발랄한 아이디어에서 출발한 이 프로그램은 구글맵과 연동하고 여행 애플리케이션과 협업했다. 경치 좋은 사진 몇 장과 짧은 여행기만 봐도 클릭해대는 '엄지족'들이 스마트폰을 통해 전 세계를 누빌 수 있을 거라는 확신이 들었다고 했다.

영상 수출을 위해 팀을 따로 꾸려 10년 치 방송 자료를 장소·시간·주제별로 잘게 자르고 엮었다. 휴대폰에 최적화된 동영상으로 만드는 작업까지 했고 이제 파는 일만 남았다고 했다.

개인적인 경험도 있다. 2015년, 광복70년 기획단으로 발령이 나서 반 년 넘게 일했다. 광복 70년을 맞아 공영방송이 할 수 있는 역할을 고민하다가 누군가의 제안으로 '역사포털 KBS히스토리'라는 모바일 플랫폼을 만드는 일을 했다. 수신료를 받는 공영방송이기 때문에 KBS가 해야만 하는 일이 몇 있다. 역사와 관련된 일이 그중 하나로, 광고 없이 대하 사극을 방송하고 역사 다큐멘터리를 꾸준히 방송하는 것이 공영방송의 책무다.

쌓여 있는 방송분을 모아 검색어를 치면 해당하는 부분만 찾아볼 수 있게 1~2분 내외의 짧은 동영상 클립으로 세분했다. 백범일지를 검색하면 사극이건 다큐멘터리건 관련한 클립들을 한 번에 쉽게 찾아 볼 수 있도록 한 후, 휴대폰에 최적화된 사이즈로 방송본을 다시 가공했다.

그리고 사용 방법에 대한 브로슈어를 만들어 우편으로 전국의 국사 선생님들에게 뿌렸더니 반응이 폭발적이었다. 교과서를 읽고 칠판에 적기만 하던 무료한 교실에 흥미로운 교재가 생겼다며 좋아들 하셨다. 자료실에 잠들어 있던 방송본이 무한대로 활용될 수 있다는 것을 그때 어렴풋이 알 수 있었다.

✖

대형 포털 사이트들이 짧은 동영상 확보에 혈안이 된 것이 어제오늘의 일은 아니다. 이미 시청자라는 개념 자체가 달라지고 있다. 온 가족이 TV 앞에 모이던 예전과는 달리, TV 자체가 없는 집이 늘고 있다.

그래도 PD라고 베이징에 와서 제일 먼저 산 것이 TV였는데, 1인 가구로 생활하다 보니 자연스레 TV보다 스마트폰이나 태블릿으로 늘 무언가를 보게 되었다. 1년 연수의 막바지 서너 달은 거의 TV를 켜지 않았다. '지상파 PD인 나조차 이런데'라는 탄식 아닌 탄식을 가끔 했다. 케이블에 종편이 생기더니 지금은 네이버TV, 다음TV는 물론 유튜브 같은 동영상 플랫폼에, 일종의 개인 방송국까지 보는 콘텐츠의 종류를 헤아릴 수도 없다.

방송을 마친 다음 날 받아보던 시청률표를 소수점 자리까지 비교해가며 평가를 해왔는데, 어느 순간 시청률과 세상의 반응은 전혀 딴판이 됐다. 무엇을 기준으로 삼아야 하는지가 혼란스러운 판이 너무도 급작스럽게 다가왔다.

연수가 중반에 이를 즈음 운 좋게도 같은 고민을 하고 있는 중국의 제작진들을 몇 번 만날 기회가 있었다. 원래 중국은 우리처럼 TV나 특정 방송국에 대한 충성도가 그렇게 높지 않은 나라였다. 수천 개나 되는 방송국이 있고, 늘 어디에선가 재방송을 하기 때문에 '본방 사수'라는 개념보다는 보고 싶은 콘텐츠를 골라 보는 시청 행태를 갖고 있었다.

한국에서 수입해온 〈대장금〉을 어딘가의 방송국에서는 아직도 방송하고 있을 거라는 농담은 우스갯소리가 아니다. 드라마는 날을 정해 하루 종일 틀기도 한다. 어찌 보면 모바일에 적합한 토양이 우리보다 일찍 있었다는 얘기다. 이들에게 휴대폰은 그저 TV와 다름없다. 드라마도 예능도 영화도 모두 스마트폰으로 본다. 지금은 왕훙으로 대표되는 1인 방송이 대세다. 돈이 되는 분야라 관심도 뜨겁다.

또 1인 방송과는 결이 약간 다른 짧은 동영상 클립에 대한 관심도 높아지고 있다. 드라마와 예능, 아니면 블랙박스처럼 자극적인 영상이 조회수가 높다. 그러다 보니 웹 드라마나 방송국의 예능 콘텐츠를 짧게 편집해 올리는 것이 주류가 되었다.

한편 한국처럼 콘텐츠에 대한 다른 시도 역시 활발하다. 대화를 나눠본 중국 제작진도 모바일 포털에 공급할 콘텐츠를 고민하고 있었다. 자금성의 비밀에 대한 시리즈를 해볼까, 중국 전통의 과학 기술 시리즈를 해볼까, 외국인이 중국 요리를 탐험하는 시리즈를 해볼까 궁리하며 회의를 하는 모양새는 한국과 전혀 다르지 않았다.

각 포털마다 스핀(视频, 동영상)이라는 코너가 따로 있는데 개인들이 촬영한 사건사고 동영상이나 신기한 장면 등이 대부분이다. 그만큼 특화된 모바일 동영상 제작의 시장이 성장할 여지가 많다는 반증이 된다.

이미 2010년 구글의 에릭 슈미트 회장이 '모바일 퍼스트 (mobile first)'를 외쳤다. 그는 4년 후 대만 타이베이에서 열린 모바일 퍼스트 월드 콘퍼런스에 참석해 한 걸음 더 나간 '모바일 온리(mobile only)'를 말했다.

막상 한국에 있었을 때는 디지털 서비스를 한다며 나서는 후배들의 시도를 본류가 아닌 지류로 생각했었다. 그래도 방송쟁이는 방송을 잘 만드는 것이 우선이라고 여겼다. 술자리에서 소는 누가 키우느냐며 본전부터 잘 챙겨야 한다고 떠들어댔다. 하지만 한 발짝 떨어져 보니 조금 달랐다. 특히 모바일이 이미 대세로 자리 잡은 중국에서 보니 더욱 그랬다.

지류의 폭과 흐름이 본류 못지않았다. 그 선후가 곧 바뀔지도 모른다는 생각을 점차 지울 수가 없다. 소를 키우긴 해야겠는데, 어느 외양간에서 키워야 하는지 가끔 판단이 서지 않는다. 동시에 예능과 드라마를 제외한 콘텐츠가 수익이 날까 무척이나 의심스러운 것도 사실이다. 이순신 장군은 "항상 이길 수 있는 곳에서 싸워야 한다"고 말했는데, 유리한 장소를 고르는 것은 고사하고 전쟁 자체가 다른 형식이 되고 있다.

방송쟁이로 10년 조금 넘게 살아왔는데 지금까지 배웠던 방송이 바뀌고 있다는 불안감과 뭔가 새로운 흐름을 보고 싶다는 호기심이 널뛰듯 교차한다. 한국이 아닌 중국에서 이럴 줄은 꿈에도 몰랐다.

중국, 한 걸음 더 들어가기

스마트폰을 달고 사는 사람이라면 '딩고(Dingo)'라는 이름을 들어본 적이 있을 테다. CJ PD들이 TV를 벗어나 모바일에 특화된 콘텐츠를 만들겠다고 회사를 뛰쳐나갔다. 지금이야 지상파 PD들이 케이블로, 종편으로 이적하는 것이 뉴스가 되지만, 곧 이런 모바일 콘텐츠 회사로의 옮긴다는 소식이 흔해질지 모른다. 이미 연예기획사로 옮기는 PD들이 뉴스를 장식한다. 방송국이 두세 개이던 시절에는 글자 그대로 상상불가, 천지개벽할 만한 일이었다. 그래 봐야 십몇 년 전이다.

배달앱,
13억 명을 홀린 편안함의 힘

#배달앱 #메이퇀 #으어러머 #바이두와이마이

# #

점심시간이 되면 사무실이 몰려 있는 빌딩 앞은
각기 다른 색의 유니폼을 입은
배달앱 기사들로 북새통이다.
배달의 민족이라는 타이틀을 넘겨야 할 정도다.

베이징에는 신호등 말고도 거리를 3색으로 물들이는 오토바이들이 있다. 파랗고 노랗고 빨간 그들은 등에 저마다 뭐라 써진 옷을 입고 거리를 누비는 음식 배달앱 기사들이다.

개중에는 아예 지게를 진 듯 커다란 박스를 등에 짊어지고 달리는 사람들도 있다. "우리가 어떤 민족입니까"를 우스꽝스러운 포즈로 외치던 배우 류승룡의 광고를 기억하는 사람들이 많을 것이다. 배달의 민족은 우리인 줄 알았는데, 베이징에 와보니 한술 더 뜨면 더 떴지 뒤지지 않는다. 배달의 민족은 한족이라고 강변하듯 질주하는 배달 오토바이들로 도로는 항상 붐볐다.

중국에 왔을 때 도와주던 학생이 맨 처음 깔아준 앱도 타오바오와 띠디추싱(嘀嘀出行), 메이퇀(美团)이었다. 타오바오는 알리바바의 홈쇼핑앱이고 띠디추싱은 우버와 같은 개념의 자가용 택시를 부르는 앱이다. 그리고 메이퇀은 음식 배달앱이다. 타오바오로 쇼핑할 줄 알고, 띠디로 차를 불러서 타고 다닐 줄 알고, 메이퇀으로 밥만 시켜먹을 줄 알면 절반은 베이징 사람 된 것이라는 설명이었다.

지금 세계는 배달 전쟁 중이다. 우리야 일찍이 "짜장면 시키신 분"을 외치며 마라도도 가고 지리산 정상도 오르고 했었다. 외국인들이 한강에서 짜장면을 시켜 먹는 한국의 배달 문화를 보고 그 편리함에 감탄한다는 얘기를 들은 적이 있다.

하지만 이것은 이제 한국만의 전유물이 아니다. 스마트폰의 출현이 배달의 신세계를 가능케 해준 것이다. 첨단 IT기술과 배달의 만남. 음식 배달을 비롯한 배달 애플리케이션은 창업을 꿈꾸는 이들이라면 한번쯤 머리를 굴려봤을 법한 아이템이 됐다. SBS는 정준하를 프리젠터로 내세워 전 세계 음식 배달앱의 현황을 탐방하는 다큐멘터리를 제작, 방송하기도 했다.

다큐멘터리에서 인상적인 것은 몇 년 전까지만 해도 배달이라고는 피자 같은 패스트푸드나 박스에 담긴 중국 음식 정도였던 미국이나 유럽에서도 배달 서비스는 말 그대로 전쟁 수준이었다는 것이다. 배달앱은 동네 식당에서 간단히 먹을 수 있는 음식뿐만 아니라 배달하고는 담을 쌓았던 유명 레스토랑의 음식까지 손쉽게 집에서 즐길 수 있게 했다.

그럽허브(Grub Hub), 도어대시(Doordash), 러시오더(Rush Order), 잇24(Eat24), 포스트메이츠(Postmates) 등 쏟아져 나오는 음식 배달앱은 여기가 미국인지 한국인지 헷갈릴 정도다. 아마존(Amazon)이나 우버 같은 거대 기업들도 이 시장을 넘보고 있다. 둘 모두 음식 배달 서비스를 메뉴에 추가했다. 아마존 프라임나우(Amazon Prime Now) 혹은 우버 잇츠(Uber EATS)를 누르기만 하면 된다. 상황이 이러니 돈이 몰린다. 벤처들의 창업자금을 조사하는 시비인사이트(CB Insights)에 따르면 미국에서는 2015년 1분기에만 음식 배달 서비스앱에 5억 달러가 투자되었다고 한다.

중국에 오기 전, 2013년에 〈황금의 펜타곤〉이라는 창업 오디션 프로그램을 제작한 적이 있다. 도전하는 창업가들의 아이템을 전문가들이 사업성을 위주로 심사해 1등을 뽑아 창업자금을 지원해주는 프로그램이었다.

공고를 내자 1,000개에 가까운 창업 아이템들이 쇄도했다. 본선에 나갈 50팀을 선정하는 예비심사에 꼬박 3박 4일이 걸렸다. 이미 그때도 배달앱이 많았는데, 음식 배달뿐 아니라 화장품 배달, 생수 같은 일용품 배달까지 종류가 다양했다. 그리고 몇 년 지나지 않았는데 제법 덩치가 커져 적지 않은 투자를 유치한 참가자들도 있었다.

중국도 예외는 아니다. 처음 배달 서비스가 생긴 지 몇 년 만에 될성부른 떡잎을 찾는 엄청난 규모의 자금이 유입됐다. 우리에게 배달의 민족이 있다면 중국에는 으어러머(饿了么)라는 앱이 있는데 으어(饿)는 배고프다는 뜻이다. 이 앱은 2016년 알리바바로부터 12억 5,000만 달러의 투자를 이끌어냈다. 다른 배달앱인 메이퇀과 디엔핑(大众点评)이 합병한 메이퇀디엔핑(美点)은 기업가치가 180억 달러로 평가받아, 전 세계 스타트업 중 8위에 해당한다는 기사도 있다.

으어러머, 메이퇀, 바이두와이마이(百度外賣)를 3대 배달앱으로 손에 꼽는다. 대략 매일 1,200만 건 가량의 배달 주문이 이뤄진다고 한다. 2015년 수익이 1,600억 위안(한화 약 27조 원)이라고 하니 예전의 어느 광고 카피처럼 대륙이 배달에 홀린 셈이다.

전통과 품격을 자랑하는 유명 식당들도 중국인 특유의 실용적 태도로 팔을 걷어붙였다. 한국인에게도 유명한 베이징덕(Beijing Duck) 식당인 취엔쥐더(全聚德. 진쥐덕)가 배달 서비스를 선언한 것은 하나의 상징적인 일이다.

청나라 때부터 전해 내려온 150년 전통을 집에서 맛보려면 스마트폰에서 야거크어지(鴨哥科技)만 찾으면 된다. 야(鴨)는 오리라는 뜻이고 거(哥)는 형이나 오빠라는 뜻이니, '오빠가 오리를 가져다줄게' 쯤으로 해석된다. 배달앱에 익숙한 젊은 층을 겨냥한 작명이라는 설명이다. 줄을 서야 먹을 수 있던 전통 맛집과 유명 스타 셰프들의 레스토랑까지 모두 스마트폰 안으로 들어오고 있다.

초창기 으어러머의 창업 멤버는 학생들이었다. 장쉬하오라는 청년이 상해교통대(上海交通大)를 다닐 때 주도했다. 배는 고프고 학교에서 나가기는 귀찮고 해서 근처 식당을 대상으로 친구들과 만든 앱이 시초가 됐다. 기숙사 침대에서 뭘 먹지 하며 뒹굴거리던 그 게으름과 필요가 창업으로 이어졌다.

창업자 중 한 명은 연수하던 정법대 학생이었다. 본인 오토바이로 직접 배달을 하고 일일이 식당을 찾아다니느라, 정작 공부할 시간이 없었다는 이야기를 들었다. 서비스가 등장한 지 고작 5, 6년 남짓. 지금은 그때 공부 열심히 했던 친구들과는 비교를 할 수 없는 돈을 수중에 넣었다.

　그러고 보니 〈황금의 펜타곤〉 참가자 중 한 명도 본인이 직접 생수 배달을 하는데 허리가 휜다고 농담 반 진담 반으로 푸념했던 것이 기억난다. 그 역시 몇 년 만에 월급쟁이가 평생 벌 돈, 그 이상을 받고 회사를 매각했다.

✖

주말에 기숙사에서 느지막이 눈을 뜨면 한동안 으레 메이퇀부터 열어봤다. 전날 술로 쓰린 속을 달랠 무언가가 필요했다. 끔벅이며 폰 화면에 댄 손가락을 까닥거렸다. '혼자', '도시에 사는', '젊은', '직장인'. 배달 왕국을 만드는 중요 키워드다.

　중국의 어느 인터넷 연구기관이 '2016년 외식배달시장 보고서'를 발표했는데, 배달앱 이용 고객 중 60%가 직장인이며 이들은 일주일에 평균 4~7회 앱을 이용하는 것으로 나타났다고 한다. 혼술, 혼밥을 방에서 간편하게 즐길 수 있게 한 기술의 발전이다.

　기숙사 앞은 주말, 점심, 저녁마다 저마다 다른 색의 배달 오토바이들로 북적인다. 쿠폰을 알뜰히 사용하고 메뉴를 잘만 고르면 오히려 직접 가서 먹는 것보다 쌀 때도 있으니 기숙사 식당 밥이 물릴 때 이만한 편리함이 없다.

밥만 시켜 먹는 것이 아니다. 어떤 친구들은 스타벅스 커피 한 잔까지도 배달앱을 이용한다. 실제 주말 오전에 쇼핑몰에 갔다가 1층 스타벅스 앞에 배달앱 기사들이 줄을 서 있는 것을 봤다. 동네 마트 주문도 가능하다. 메이퇀 안에는 편의점도 있고 과일 가게만 모아놓은 곳도 있다.

대륙을 홀린 이 편리함 뒤에 매사 그렇듯 그늘이 없는 것은 아니다. 시간이 돈인 배달 오토바이들의 질주로 거리는 혼잡 그 자체다. 그들은 주로 자전거 도로로 달리는데 가끔 아찔하게 옆을 스쳐가는 그들에게 화가 난 것이 한두 번이 아니다. 배달을 주로 하는 식당의 위생 문제도 있고 유령 식당도 있다. 중국 국영 CCTV가 방송한 소비자 고발 프로그램에는 가짜 스타벅스 커피가 으어러머를 통해 배달되는 장면이 나온다.

그렇다고 멈출 이들이 아니다. 어제도 오늘도 내일도 빌딩 사이와 주택가 좁은 골목을 달렸고 달리고 달릴 것이다. 그 위태위태해 보이는 배달 가방에 첨단 IT기술을 넣어 달린다. 배달원의 배달 경로에 대한 데이터를 축적해 무슨 음식이든 30분 안에 배달하는 방법도 연구하고 있다는 기사를 봤다.

어렸을 적 '짜장면 시키신 분'으로 기억되던 배달이 스마트폰 등장 이후 몇 년 만에 대륙의 삶을 바꿔놓을 정도로 성장했다. 많은 나라들이 겪은 몇 단계를 과감히 생략하고 바로 스마트폰

의 속으로 뛰어든 중국을 잘 보여주는 듯하다. 대륙 전체가 짜
장면 시키신 분을 찾느라 들썩이고 있다.

광군제,
클릭 한 번으로 시작되는 쇼핑 축제

#광군제 #11월 11일 #타오바오 #마윈 #알리바바

# #

매년 11월 11일,
대륙은 쇼핑으로 하나가 된다.
전자상거래와 물류, 운송 등으로
대륙을 거미줄처럼 엮는 한바탕 축제의 날이다.

마윈이 트럼프를 이겼다. 정확히 말하면 꽝꾼지에(光棍节, 광군제)가 트럼프를 이긴 것이긴 하다. 2016년 11월 9일 트럼프는 힐러리를 꺾고 제45대 미국 대통령에 당선됐다. 누구도 예상치 못한 이변이었음을 모두가 안다. 막말과 스캔들, 품격 있는 정치인으로는 도무지 볼 수 없는 기행으로 점철된 그가 준비된 정치 엘리트 힐러리 전 국무장관을 눌렀다는 소식은 실시간으로 전 세계에 생중계됐다.

다음 날인 10일 목요일, 아마 한국의 신문 1면은 모두 트럼프였을 것이다. 중국의 시선이 궁금해 거리 가판대에서 가끔 보는 신문인 《신경보(新京报)》를 샀다. 그런데 1면이 트럼프가 아니었다. 전면 광고가 《신경보》를 감싸고 있었다. 별지인 광고면을 들춰야 1면이 나오긴 하지만 어쨌든 맨 앞장은 11월 11일의 쇼핑 축제인 '광군제' 광고였다. 11일 당일은 두말할 나위가 없었다. 한 쌍이라는 뜻의 쌍(双) 뒤에 11을 붙인 "双11"이라는 문구가 신문이며 거리를 도배했다.

어쩌면 중국 최대의 명절은 춘절도 국경절도 노동절도 아닐지 모른다. 스마트폰만 있다면 나이를 불문하고 11월 11일은 교감신경을 흥분시키는 날이다. 가슴은 두근거리고 맥박은 빨라진다. 눈을 번뜩이며 시계를 계속 쳐다본다. 손가락을 까딱거리며 몸을 풀고 노트북이나 휴대폰 화면을 주시한다. 그렇게 준비 완료. 째깍째깍 초침이 11월 11일 0시를 가리키는 순간이 출격 시간이다. 아마 대륙에서 몇억 명이 동시에 클릭을 하는 진풍경이었을 것이다.

나도 마찬가지로 밤 12시를 기다렸다. 물건을 고르는 수고는 이미 그전에 이미 다 해놨고, 찜해놓은 물건들을 결제만 하면 됐다. 몇 번 해봤다고 익숙해진 손놀림으로 두세 번 화면을 눌렀다. 그런데 평소 같으면 바로 바로 떴어야 할 결제창이 몇 번이고 에러 메시지만 보였다. 같은 시간에 수백, 수천만의 사람들이 같이 눌러대고 있어 벌어지는 정체 현상이 분명했다. 8개의 물건을 구매하는데 4개가 그랬다. 대여섯 번씩 반복하고 나서야 가까스로 결제할 수 있었다.

그래봐야 20~30분이 채 걸리지 않았지만 혹시 그동안 찜해놓은 물건이 품절되지는 않을까 맘을 졸여야 했다. 실제로 다른 물건을 검색하다 보니 품절이라는 문구가 제법 보였다. 거의 절반 가격이 흔할 정도로 워낙 싸게 팔기 때문이다.

실제로 399위안 하는 얇은 패딩을 148위안에, 299위안인 청바지를 78위안에, 288위안인 아동용 그림책을 133위안에 구매했다. 모두 절반 이하의 가격이다. 쇼핑의 천국이라는 미국이나 영국이 부럽지 않다.

미국은 추수감사절이 지난 11월 넷째 금요일을 블랙 프라이데이(Black Friday)라고 한다. 영국도 크리스마스 다음 날인 12월 26일을 박싱데이(Boxing Day)라고 부른다. 뉴스에서 간혹 대형 마트나 백화점 앞에 길게 줄을 서 있다가 문이 열리자마자 펄쩍펄쩍 뛰어가는 사람들을 봤다면 이때일 가능성이 크다.

미국의 블랙 프라이데이에 한국산 대형 TV를 사서 태평양 건너 한국으로 가져오면 관세와 배송비를 빼고도 한국보다 저렴하다는 구매 후기가 화제가 된 적이 있다. 주로 재고를 떨어내는 쇼핑 행사이니 가격이 드라마틱하게 쌀 수밖에 없다.

중국의 광군제와 다른 점이 있다면 미국이나 영국은 실제 줄을 서고 뛰어가서 선점해야 하는 오프라인 쇼핑 위주인데 비해 광군제는 철저하게 스마트폰과 노트북 등을 이용한 온라인 위주의 쇼핑이라는 점이다.

✖

원래 광군제는 대학생들의 놀이였다. 난징대에서 애인이 없는 학생들끼리 서로를 위로하던 날이었다고 한다. 짝이 없는 학생들이 모여 파티를 열고 선물을 교환했다. 이런 놀이가 점차 다른 대학으로 퍼져나가고 청춘의 문화로 자리 잡자 알리바바가 매의 눈으로 기회를 포착했다. 알리바바는 마윈이 창업한 중국 최대 전자상거래 업체다. 알리바바는 짝이 없는 젊은이들에게 쇼핑을 통해 외로움을 달래라고 대대적인 광고를 했다.

11월 11일에 알리바바의 온라인 쇼핑몰인 타오바오에 점차 사람들이 몰려들었다. 11월 11일은 싱글임을 상징하는 1이 네 번 겹치는 날이다. 꽝꾼(光棍)이라는 단어는 빛나는 막대기라는 뜻이다. 역시 혼자인 사람들을 뜻한다. 지금은 쌍식이(双11)라는 단어도 많이 쓴다.

알리바바의 마케팅이 대성공을 거두면서 다른 업체들이 동참했다. 싱글들뿐 아니라 대륙 전체를 들썩이게 하는 쇼핑 축제가 되는 데 불과 십여 년이 걸리지 않았다. 광군제가 대성공을 거두면서 지금은 12월 12일에도 파격적인 세일을 하는 행사를 한다. 밸런타인데이를 초콜릿 사는 날로 만들어버린 상술과 비슷하다.

광군제는 마치 올림픽처럼 매년 기록을 경신한다. 매출액이 10억 위안을 돌파하는 데 1분 벽이 깨졌다. 52초 만에 우리 돈 1,700억 원을 팔았다. 100억 위안의 벽은 6분 58초 만에 무너졌다. 거의 2조 원에 육박하는 돈이다. 2016년, 알리바바는 광군제 매출액이 20조 원을 넘는다고 밝혔다. 전년보다 30% 넘게 증가했고 브라질의 1년 전체 전자상거래 규모와 맞먹는 금액이다.

광둥성 선전 지역에 알리바바가 설치한 대형 전광판에는 매출액이 쉼 없이 바뀌는 장관이 24시간 동안 거의 생중계 된다. 상상을 초월하는 매출에 의혹의 시선도 뒤따르긴 한다. '매출 뻥

튀기'에 대한 의심이 끊이지 않는다.

하지만 정확한 수치에 대한 불신은 차치하더라도, 이날의 '광클릭'을 부인할 수는 없다. 실제 한국 업체들은 광군제가 끝나고 공개한 보도자료에서 대부분 준비한 물량이 동나고 작년에 비해 기록적인 매출을 기록했다고 밝혔다. 화장품 업체인 이니스프리는 마스카라 6만 개를 준비했는데 10분 만에 완판됐다고 인터뷰했다. 대륙의 '광클릭'에 환호성을 지른 업체가 허다하다.

거꾸로 쇼핑에 눈이 멀었다는 소비자들의 자책도 넘쳐난다. 광군제를 '뚜어쇼우지에(剁手节)'라 부르는 네티즌들이 많다. 물건을 클릭하는 손을 잘라버리고 싶다는 우스갯소리다. 클릭하다가 집안이 망했다는 댓글도 보인다.

광군제는 열흘이 넘게 대륙을 뒤덮는다. 한 열흘은 잊을 만하면 울리는 택배 도착 문자로 분주하다. 광군제 일주일 후, 한 대학을 지나가는데 줄이 길게 늘어서 있었다. 뭔가 궁금해서 봤더니 택배를 받으려는 학생들의 줄이었다. 보통 대학은 택배를 받는 장소를 지정해놓는데 평소 배달 차량보다 큰 트럭들이 몇 대 보였고, 그 옆은 산처럼 쌓여 있는 박스들로 어지러웠다. 저 아수라장에서 물건을 찾는 것이 용해 보였다.

그 즈음에 늦은 밤 가로등 밑에서 택배를 분류하고 있는 배달원의 모습도 자주 봤다. 언론 보도에 의하면 투입된 택배 배달원만 268만 명이라고 한다. 백만 대군을 훌쩍 넘어선다.

사고도 속출한다. 광군제가 끝나고 나면 분노한 소비자들의 구매 후기가 인터넷을 점령한다. 파는 사람과 사는 사람의 참여가 자유로운 오픈마켓의 특성상 사기도 속출한다. 친한 선배는 엑스박스 게임기가 워낙 싸서 주문했는데, 핵심인 카메라가 빠진 상태로 왔다고 했다. 전화해 따지니 태연스럽게 별도 구매라고 말했단다. 카메라 가격을 게임기 전체를 구매할 때보다 비싸게 부르더라며 허탈해했다. 노트북을 샀는데 휴지가 왔다며 분노하는 네티즌들도 있다. 누군가는 상자가 이상하게 묵직해서 열어보니 벽돌이었다며 성질을 낸다. 알리바바는 이런 사고를 예방하기 위해 아예 정품만을 취급하는 믿을 수 있는 쇼핑몰인 티엔마오(天猫, 티몰)를 별도로 만들었다.

상황이 이러니 반품도 전쟁이다. 상당히 높은 비율의 반품이 있을 거라고 중국 지인이 귀띔한다. 소비자나 참여 기업이나 모두 골치를 썩는다. 한바탕 쇼핑 광란이 지나간 이후의 한 단면이다.

그래도 며칠 행복했다. 운이 좋았던 것인지 다른 사람들도 대부분 그랬는지는 모르지만 나는 특별한 문제를 겪지는 않았다. 터무니없이 싼 가격에 구매한 물품들을 경건하게 상자를 뜯어 확인하는 쇼핑 의식을 즐겁게 치러냈다.

'왜 한국에는 없을까'라는 생각을 한 것은 물론이다. 이삼 일 걸러 한 번씩 세일을 해대는 백화점 세일 말고는 특별한 기억이 없다. 정부가 주도해 '코리아 세일 페스타'라는 것을 만들었다고는 하는데, 알고 있는 사람이 몇이나 될는지 모르겠다. 휴대폰

몇 번 누르는 것만으로 결제도 돼야 하고, 수백만이 동시에 접속해도 무사해야 될 만큼의 기술력도 필요하다.

이후의 택배 처리도 결국 물류산업의 수준을 말해준다. 소비자의 클릭 한 번에 IT, 금융, 물류, 운수 등이 복합적으로 얽혀 있다. 한국판 광군제, 한국판 블랙 프라이데이가 가능하려면 넘어야 할 산이 몇 개나 될까 생각하는 것만으로도 벌써 지친다.

> ### 중국, 한 걸음 더 들어가기
>
> 광군제는 이제 중국에서 일종의 사회 현상이고 지표다. 《신경보》는 '펑시앙삐아오(风向标, 풍향표)'라는 단어를 사용했다. 경기를 측정하는 수단으로 인식한다는 뜻이다. 광군제 매출의 증가를 중국 독신남녀 수의 증가로 보고, 파생되는 사회문제를 연구하는 통계와 보고서도 있다. 1인 가구 증가의 문제점에 대한 대책을 촉구하는 신문 사설도 있다.
>
> 어찌되었든 주어는 '광군제'다. 기업의 마케팅이 정책을 견인한 것이다. 규제의 칼을 가지고 정부가 주도하려는 우리가 지켜봐야 할 대목이다.

창업촌,
혁신 대륙을 만든 창업 열풍

#대학생창업 #중관춘 #벤처기업

#

지금 대륙의 젊은이들은
부에 대한 열망으로 가득하다.
학생들이 고시촌으로 몰리는 나라와
창업촌으로 몰리는 나라의 차이는 명확하다.

〈공부하는 인간〉이라는 KBS 다큐멘터리가 있다. 인간은 왜 공부하는가, 어떻게 공부하는가에 대한 답을 찾기 위해 하버드 대학교 학생들이 전 세계를 넘나들었다. 그들이 찾은 곳 중 하나가 중국 허난성 관묘 고등학교, 많은 사람들이 '쫭위엔춘(狀元村, 장원촌)'이라고 부르는 마을이다. 중국에서 '장원'은 성적이 우수한 학생, 주로 1등을 부르는 용어다. 중국의 수능시험인 까오카오(高考)에서 각 성의 1등을 차지한 학생도 장원이라고 부른다. 31개 성의 장원들이 어느 대학을 지원했는지와 그 통계는 대학의 순위를 가늠하는 척도로 쓰이기도 한다.

쫭위엔춘의 학생들은 참 공부를 열심히 했다. 무엇보다 학생들이 저마다 얼굴 높이까지 책을 쌓아 놓은 책상에 앉아 큰 목소리로 뭔가를 읽어대는 장면이 기억에 남았다. 그 장면을 대학에서 다시 보게 됐다. 방문학자로 체류를 허락해준 정법대학은 중국 법학 교육의 요람과도 같은 곳이다. 1949년 중화인민공화국으로 사회주의 신중국을 연 공산당은 소련식 모델을 참조해 고등교육제도의 기틀을 잡았다.

종합대학은 사회주의 이념을 실천할 인재의 양성과 교육을 맡아 재정비했다. 법률·농업·임업·공업·재정 등 전문 분야는 별도의 독립적인 전문학교로 통폐합했다. 이에 따라 정법대학의 전신인 북경정법학원도 베이징대, 칭화대 등 4개 대학의 법학, 정치학, 사회학과를 통합했고, 1983년에 중앙정법간부학교까지 합병해 오늘의 정법대학이 됐다.

정법대학은 중국 법학 교육의 최고 학부 중의 하나로 석·박사 과정을 공부하는 학생만 6,000명에 이른다. 대학원 캠퍼스 정문을 들어서면 바로 볼 수 있는 커다란 비석에 붉게 깎아낸 "법치천하(法治天下)"라는 네 글자는 점차 법에 의한 통치와 법률가들의 역할이 강조되고 있는 오늘의 중국에서 이들의 자부심을 잘 보여준다.

졸업하면 중국의 판사, 검사, 공안, 변호사가 될 학생들과 같은 공간에서 지낸다는 것이 내게는 흥미로웠다. 세계 어디나 법대, 로스쿨은 공부의 양이 많기로 첫 손가락을 꼽는다. 그리고 이들 역시 마찬가지였다. 아침마다 기숙사 로비가 학생들 목소리로 시끄러웠다. 수다가 아니고 다들 책을 들고 뭔가를 중얼거리는 소리였다.

책을 들고 서성거리면서 중얼대기도 하고 소파에 편하게 누워서 중얼거리기도 하고, 각자 최적화된 자세를 찾아 뭔가를 외우고 있었다. 바로 옆으로 누가 지나가도 전혀 신경 쓰지 않고 집중하는 모습, 다큐멘터리 〈공부하는 인간〉에서 봤던 바로 그

장면이었다.

석사과정 졸업을 앞두고 있는 학생에게 "너희는 대체 왜 아침부터 뭔가를 외우고 있느냐"고 물었다. 중국 중·고등학생들은 아침 7시부터 수업을 시작한다고 한다. 우리의 경우도 마찬가지다. 보충수업, 0교시라고 불리며 학생 인권침해 논란까지 불러온다. 그런데 우리와 다른 점은 중국은 7시부터 8시까지 수업이 있긴 한데 교사가 없다는 것이다. 그 시간은 '위에두(阅读, 열독)'로 각자 자신이 부족하다고 생각되는 것을 소리 내어 읽으며 외우는 시간이다. 위에두를 하면서 뻬이송(背诵, 암송)을 하는 것이니, 우리식 한자 표현으로는 열독하면서 암송하는 것이다.

아침시간이라 집중이 잘 된다고 말하면서, 교실부터 복도까지 저마다 앉아서도 읽고 서서도 읽고 해서 엄청 시끄럽다며 배시시 웃었다. 그렇게 소리 내어 읽는 것이 습관이 되어 대학에 온 후에도 습관처럼 아침에 일어나 리포트도 읽고 논문도 읽고 교과서도 소리 내어 읽는 것이다.

멀게는 기차로 하루 이상이 걸리는 지방에서 올라와 공부를 하는 학생들이니 당연 한순간도 소홀하고 싶지 않을 것이다. 대학 강의 역시 8시에 시작한다. 왜 이렇게 시작하느냐고 묻자, 보통 대학의 강의 시간은 90분인데 8시에 시작해야 오전에 강의를 2개 들을 수 있단다. 9시에 시작하면 오전에 강의를 하나 밖에 둘 수 없다고 하니, 참 부지런한 학생들에 맞는 부지런한 대학, 부지런한 교수들이다.

✖

매년 1,000만 명이 수능시험을 보는 나라, 2016년 QS 아시아대학 평가에서 아시아 350위 대학 안에 가장 많은 82개 대학의 이름을 올린 나라, 유명 대학의 한 해 운영비가 조 단위에 이르는 나라(칭화대의 1년 운영비는 2조 원으로 알려져 있다).

자료에 따르면 중국의 2015년 대학 졸업자는 749만 명으로 2001년 114만 명과 비교해 15년 사이에 7배 가까이 늘었다. 그만큼 경쟁이 치열해졌다는 뜻이다.

어느 학생에게 아침부터 뭘 그렇게 외우고 있냐고 묻자, 한숨을 쉬며 석사과정 졸업을 앞두고 있는데 요즘은 석사가 너무 많다고 푸념한다. 좋은 대학을 졸업해 좋은 직장에 가야 하는데, 부모님도 걱정이 많다는 얘기였다. 특히 대학과 성적이 개인의 일로 끝나지 않고 가족 전체의 최우선 관심사가 되는 동양의 문화가 학생들의 어깨를 더욱 무겁게 하고 있었다.

그런데 우리와 마찬가지로 취업이 지상 과제인 이 많은 학생들에게 한국과 다른 점이 한 가지 있다. 무서울 정도로 늘고 있는 대학생 창업이다.

리커창 총리는 2014년 "대중창업, 만중창신(大众创业 万众创新)"을 말했다. 누구든 창업하는 데 걸림돌이 없어야 하고, 누구든 혁신을 하는 데 앞장서야 한다는 얘기다. 법인 설립에 필요한 최소 자본금 규제도 폐지했다. 취업난을 해결하기 위한 목적이 있었겠지만, 창업을 독려하는 사회 전반의 분위기를 정부가 앞장서서 이끌고 있는 것은 분명하다.

이는 2016년 대학 졸업자 중 20만 명이 창업을 선택하는 결과로 이어졌다. 스펙을 쌓아 대기업에 입사하거나 공무원이 되기 위해 고시촌을 찾아 스스로 고립을 선택하는 우리네 익숙한 대학생의 모습과는 많이 다르다.

베이징대 옆에 '중관춘(中关村, 중관촌)'이라는 거리가 있다. 여기서 가장 많이 볼 수 있는 간판이 'INNO', 혁신(innovation)이다. 거리 이름은 inno way(혁신의 길), 카페 이름은 for innovator(혁신하는 사람을 위해) 아니면 inno gallery(혁신 갤러리) 등이다.

대학로인 우따오코우 바로 옆에 붙어 있는 중관춘에는 2만여 개가 넘는 기업이 있고 159만 명이 일하고 있다. 중국 정부가 실리콘밸리를 모델로 두고 육성하고 있는 지역이다. 중국 최대의 포털인 바이두(百度, Baidu)와 위챗으로 대륙을 통일한 텐센트도 중관춘의 작은 벤처 기업이 시작이었다. 근처에 대학만 40개가 넘는다. 학생들의 아이디어가 바로 연구와 사업으로 이어지기에 최적의 입지 조건이다. IBM의 PC사업을 인수한 레노버(Lenovo)도 처음에는 중국과학원대학 소속 기업이었다.

몇 년 전에 이곳을 촬영한 적이 있었다. 평범한 카페에서 정기적으로 창업에 관심 있는 학생들을 위한 콘서트 형태의 모임이 열리고, 즉석에서 투자나 상담으로 연결되는 경우도 흔했다. 노트북이나 아이패드를 챙겨들고 제2의 마윈을 꿈꾸며 눈을 반짝이던 대학생들의 표정엔 활기가 넘쳤다.

대한민국도 창업과 혁신의 중요성을 게을리하지 않는다. 국가의 정책 슬로건도 창조경제였다. 전 대통령의 헛발질로 빛이 바래긴 했지만 지역마다 창조경제센터도 만들었다. 원래 IT와 혁신은 우리의 것으로 알고 있던 때도 있었다. 그런데도 중국의 약진을 지켜보고 있자면 어딘지 모르게 우리가 뒤떨어져 보인다.

지금 대륙 전체가 부에 대한 열망, 창업과 혁신으로 들썩거린다. 새벽부터 밤까지 소리 내어 공부하던 학생들이 자연스럽게 그 대열에 뛰어들었다. 학생들이 고시촌으로 몰리는 나라와 창업촌으로 몰리는 나라의 차이는 명확하다. 혁신 대륙은 이미 4.0, 5.0을 향해 질주하는 데 거침이 없다.

"행정 간소화 및 권력 이양, 서비스 수준 최적화를 통해 공정한 경쟁 환경을 조성하고, 정정당당하게 운영해 최선을 다할 수 있도록 할 것입니다." 기업하기 좋은 나라를 독려하는 이 발언의 주인공은 다름 아닌 대륙의 서열 2번째 공산당원 리커창 총리다.

중국, 한 걸음 더 들어가기

2017년, 서울대, 연세대, 고려대, KAIST, 포스텍 등 국내 주요 대학의 총장들이 중국 선전을 탐방한 것이 화제가 됐다. "우습게 봤던 어제의 중국이 아니었다", "국력의 차이는 어쩔 수 없다"는 탄식이 나왔다. 그래도 우리 사회의 어른들이 자각했다는 데 의미를 두고 싶다. 스승이 깨달음을 얻었으니, 마땅히 제자들에게 가르쳐줄 것이라 믿는다. 대학의 서열을 무슨 주문 외우듯이 읊어대는 가짜 선생들 말고, 가장 빛나야 할 청소년기를 책을 들고 씨름하면서 보낸 학생들에게 올바른 미래를 제시해줄 진짜 선생님을 기다린다. 우리 아이들에 대한 최소한의 예의이고, 대한민국의 성패가 걸린 일이다.

베이징에서의 1년,
그들의 일상을 엿보다

제3의 외국어,
외래어를 집어 삼킨 중국어

#중국식외래어 #마이땅라오 #싱바커 #크얼러

# #

마이땅라오(맥도날드)나 컨더지(KFC)에 들어가
망설임 없이 크얼러(콜라)를 주문할 수 있는가?
중국식 외래어는 중국어를 처음 배우는 사람에게
커다란 장벽이 아닐 수 없다.

　　　　　　　　　　호부호형(呼父呼兄)하지 못했던 홍
길동이 떠올랐다. 아버지를 아버지라 부르지 못하고 형을 형이
라 부르지 못한다며 눈물을 흘렸다는데, 홍길동이 중국에 오면
눈물을 또 흘려야 할까? 스타벅스를 스타벅스라고 부르지 못하
고 맥도날드를 맥도날드라고 부르지 못하니 말이다.

　중국이 외국어를 한자의 비슷한 발음을 써서 표기한다는 것
정도는 이미 알고 있었다. 콜라를 크얼러(可乐)라고 쓰고, 코카
콜라는 크어코우크얼러(可口可乐)라고 하기 때문에 우리식 한자
음으로 읽으면 '가구가락'이라며 낄낄댔었다.

　그런데 막상 중국 땅에서 살게 되자, 이 외래어 표기법이 실
제적인 문제가 됐다. 당장 맥도날드에서 햄버거를 하나 사 먹거
나 스타벅스에서 커피 한 잔 사 먹는 것이 일이 되어버렸다.

　전 세계 어느 나라를 가든지 스타벅스에 들어가 아메리카노
를 주문하면 되던 것이 중국에서는 '싱바커(星巴克)'에 들어가 '메
이식카페이(美式咖啡)'라고 이야기해야 종업원이 알아들었다. 싱
바커를 우리식 한자음인 '성파극'으로 읽어봐야 소용없다.

　바닐라 라떼를 시켜 먹기까지는 더 오랜 시간이 걸렸다. 바닐

라는 시앙차오(香草), 향기 나는 풀이라는 뜻이고, 라떼는 나티에(拿铁)다. 바닐라는 뜻을 살렸는데 라떼는 음만 비슷하게 빌렸다.

커피든 햄버거든 종류도 많고 종업원이 이것저것 물어보는 것도 많다. 제대로 주문하려면 계산대 앞에서 한참을 사진을 보고 손짓하거나 사전을 몇 번이고 찾아봐야 했다.

어학원에서 만난 외국인들의 국적을 추측하기도 힘들었다. 금발에 푸른 눈을 하고 "니 지아오 션머"를 더듬거리며 말하던 학생은 자기가 "딴마이"에서 왔다고 했고, 분명 아프리카에서 온 것 같은 전형적인 검은 피부의 학생은 "커트어디와"가 고향이라고 했다. 어느 나라인지 도무지 알 수 없었다. 결국 영어로 "웨어 아 유 프롬"을 물어보고 나서야 딴마이(丹麦)가 덴마크인 줄 알았다. 커트어디와(科特迪瓦) 학생하고는 그나마 영어도 서로 알아듣지 못해 한참을 손짓 발짓 해가며 수다인지 수화인지를 나눴다. 그리고 축구, 월드컵, 드로그바 같은 단어를 몇 개 듣고서야 알아챘다. 그 위대한 축구선수 디디에 드로그바의 조국, 아프리카 서부의 코트디부아르였다.

왜 중국인들은 외래어를 자기들 마음대로 한자로 바꾸어서 부르는가에 대한 의문은 중국어를 배우는 초기에 주된 투덜거림 중 하나였다. 가뜩이나 외워야 할 단어는 쌓여만 가는데 맥도날드는 마이땅라오(麦当劳), 피자헛은 삐셩크어(必胜客), 이런 식으로 낯익은 외래어들을 다시 생소한 한자로 써가면서 외워야 하니 짜증도 쌓여갔다.

짜증은 의심과 편견을 부른다. 혹시 중국인들은 자신들이 세상의 중심이라는 생각에 외래어를 모두 한자로 바꾸는 건가? 한글은 소리 나는 대로 모든 것을 표기할 수 있는데, 뜻글자인 한자는 그것이 불가능해서 이런 방법을 선택하는 건가? 역시 한글이 한자보다 위대한 언어이고 글자인 건가? 외우라는 단어는 안 외우고 책상에 앉아 볼펜을 돌리며 엉뚱하게 한글의 우수성을 찬양했다.

궁금하면 물어봐야 한다. 중국 학생에게 "너희는 왜 스타벅스를 싱바커라고 부르냐? 중국 제일주의 때문이냐?"라고 물어봤다. 이 친구의 생뚱맞은 표정이 잊히지가 않는다. 우선 질문 자체를 한 번에 이해하지 못했고, 그냥 자기들이 익숙한 방식으로 번역하는 것뿐인데, 왜 중국 제일주의를 말하느냐며 어리둥절한 표정이었다.

이후 몇몇에게 더 물어볼 기회가 있었지만 역시 번역과 중화사상에 대한 연관은 짓지 못했다. 물론 이들과의 짧은 대화가 전문적인 견해를 대변할 수는 없다. 간혹 중국 정부가 알파벳 사용을 자제하라는 권고를 했다는 뉴스를 보면 국수적인 흐름이 완전히 없다고 단정하는 것도 맞지 않다는 생각이 든다.

나중에 검색해보니 중국어는 발음의 가짓수가 적고 뜻글자가 워낙 많기 때문에 양자를 적절히 조화한다는 것이 전문가들의 의견이다. 자문화 중심주의가 없지는 않지만 언어의 특성이 일차적인 이유라는 얘기다. 또 혼동을 피하기 위해 중국 정부가 일정 기간마다 번역에 대한 표준을 정해 발표한다고 했다. 하지만 최소한 주변의 젊은 학생들은 그저 자신들이 익숙한 방식대로 외래어를 소비하고 있을 뿐이었다.

✖

나 역시 한자문화권에서 교육을 받은 터라 대학입학시험을 칠 때 본고사에 선택으로 한문이 있었다. 한국 사람들이면 대개 우리식 한자음이 입에 붙어 있다. 중국어를 배울 때 유리하기도 하고 때론 혼동되기도 한다.

방문학자로 1년간 연수한 대학은 한자로 '政法大学'이라고 쓰고 우리식 한자음은 '정법대학'이다. 중국어 병음 표기는 "Zhèng fǎ Dà xué"이고 '정파다쉐'라고 읽는다. 하지만 '정'과 '다'는 중국어의 성조로 4성이라 강하게 발음하는 느낌이 있다. 현지에서 발음할 때는 '쩡파따쉐'인 셈이다. 복잡하긴 하다.

결국 언어는 사용하고 적응하는 사람의 몫이다. 네이버와 바이두, 사전을 뒤지면서 번역의 원칙을 짐작하고 외우다 보니 재미있고 속도 편했다. 가족과 떨어져 나홀로 독신남의 생활을 했던지라 중국 생활 초기에 가장 많이 접한 외래어는 주로 패스트푸드와 인스턴트 먹거리였다. 자주 가는 곳 위주로 먼저 찾아보고 적응해갔다.

살펴보니 먼저 비슷한 발음의 한자음을 이용한 사례가 많았다. 맥도날드는 마이땅라오, KFC는 컨더지(肯德基), 월마트는 우얼마(沃尔玛), 나이키는 나이커(耐克)인 경우다. 그런데 그중에는 발음을 비슷하게 하면서 뜻을 곁들인 것도 있다. 마이땅라오에서 마이(麦)는 밀, 땅(当)은 담당하다, 라오(劳)는 노동을 뜻하기 때문에 '밀을 먹기 위해 하는 노동'이라는 뜻이 숨어 있다. KFC의 '지(基)'라는 글자는 닭을 의미하는 지(鸡)와 발음이 같아 치킨을 떠올리게 한다.

뜻에 좀 더 중점을 둔 번역도 있다. 버거킹은 한바오왕(汉堡王)인데, 햄버거와 비슷한 한바오(汉堡)의 음을 빌려서 쓰고 '킹'은 왕으로 썼다. 한바오는 독일 함부르크를 가리키는 말이기도 하다. 햄버거의 기원을 따질 때 함부르크 사람들이 다진 고기를 빵 사이에 넣어 먹었다고 하는 함부르크 기원설이 있다. 사실 따지고 보면 그들은 칭기즈칸의 몽골 기마병들에게서 조리법을 배웠다고 하니, 한바오는 중국 북부 초원에서 시작해 다시 중국으로 온 셈이다. 기원을 따졌으면 이름이 몽골이나 칭기즈칸이 될 수도 있지 싶다. 스타벅스인 싱바커 역시 '스타'를 뜻하는 별 성(星) 자를 쓰고 바커(巴克)는 '벅스'의 음차인 듯 했다.

발음도 비슷하게 하지만 뜻에도 신경을 써서 호평을 받은 사례는 많이 있다. 코카콜라의 첫 이름은 크어크어크언라(蝌蝌啃蜡)였다. 발음만 빌리다 보니 뜻이 '올챙이가 밀랍을 씹는다'가 되어버렸다. 결국 이름을 바꿨다. 크어코우크얼러(可口可乐)는

'마시는 입이 즐겁다'는 뜻이다.

사람이나 기업이나 중국에서는 이름을 잘 지어야 한다. 대형 마트인 까르푸는 지아러푸(家乐福)로 비슷하게 읽고 뜻은 '집안의 즐거움과 행복'이니 이보다 좋은 궁합이 없다.

완전히 뜻으로만 새롭게 번역하는 단어도 있다. 사이다를 먹고 싶어서 사전을 한참 찾았는데, 스프라이트는 쉐비(雪碧), 눈(雪)과 벽옥(碧)이라는 단어로 이루어져 있었다. 발음을 빌린 것 같지는 않고 새로 작명한 듯 보였다. 아기 물티슈에 붙어 있는 치앙성(强生), 강하게 산다는 뜻의 회사는 존슨앤존슨이었다. 초코파이로 대박을 친 우리나라 기업 오리온은 하오리요우(好丽友), 좋은 친구라는 이름을 가졌다.

중국어를 배우는 한 과정으로 생각하고 맘을 다스리니 번거롭긴 했지만 나름 찾아서 해석하는 재미도 있고, 언어에 정치적인 편견을 넣어보려고 했던 무지도 반성하게 됐다.

조선민주주의인민공화국에서 아이스크림을 얼음보숭이라고 하든, 중국에서는 빙찌링(冰淇淋)이라고 하든 언어는 배움과 경험으로 그 원칙과 쓰임을 익히면 될 뿐이다. 영어와 우리말을 흔하게 섞어서 쓰는 우리의 언어 습관 역시 그들 눈에는 신기하게 보이고 들릴지도 모른다.

되돌아보면 한글이 세상의 모든 발음을 받아낼 수 있다는 것은 우리의 '중화사상'일지도 모른다. 그 우수성이야 자부심을 가져도 된다고 믿어 의심치 않지만, 익숙하지 않은 남의 언어 습관을 우리 잣대로 평가하는 것은 다른 문제다.

기왕에 홀로 사는 남자티를 내느라 몸에 그다지 좋지 않다는 콰이찬(快餐, 빨리 먹는다는 뜻으로 패스트푸드를 말함)부터 찾아봤으나, 점차로 밤을 하얗게 불태울 드라마 제목이 눈에 익었다. 한류 바람을 타고 건너온 드라마와 영화 역시 대륙 물을 먹으면서 호부호형을 못하게 됐고 찾는 데는 약간의 수고가 필요했다.

수지의 미소가 보고 싶으면 런이이리엔(任意依戀, 임의로 그리워하다, 〈함부로 애틋하게〉의 중국 제목), 발랄한 김고은을 찾으려면 나이라오시엔징(奶酪陷阱, 치즈 함정, 〈치즈 인 더 트랩〉의 중국 제목)이다. 중국어는 이렇게 익숙해진다.

자전거의 미학,
페달을 밟아야 진짜가 보인다

#자전거 #라오바이싱 #자전거의미학

# #

그 나라를 알아가는 속도는
이동수단의 속도에 반비례한다.
자전거 안장 위에서 한번쯤 겪어보고 싶었던
중국의 민낯을 제법 볼 수 있었다.

그 나라를 알아가는 속도는 이동 수단의 속도에 반비례한다. 중국 생활 1년이 남긴 교훈이다. 다큐멘터리 제작을 위해 여러 번 찾았던 중국이다. 하지만 촬영으로 들어와 정해진 일정에 맞춰 렌트한 차로 이동하는 것과 집을 얻고 학교를 오가면서 버스 창밖으로 본 중국은 분명 달랐다.

길이 눈에 익은 다음부터는 걸어 다니는 것만큼 자전거를 탔다. 자전거 안장 위에서 보고 만난 라오바이싱(老百姓, 노백성, 일반 국민을 뜻하는 말)들이 바로 내가 한번쯤 겪어보고 싶었던 진짜 중국이었다.

짐을 풀고 얼마 안 돼서, 한국으로 귀국하는 특파원 선배가 자전거를 투척하셨다. "성은이 망극합니다"라며 엎드려 절하긴 했는데 난감했다. 선배의 집은 한국인들이 많이 거주하는 왕징(望京)으로, 내가 거주하는 대학 기숙사까지는 지하철로 한 시간이 넘는 거리였다.

약속 장소를 모를 때 습관적으로 보는 바이두 지도앱을 들여다봤다. 교통수단을 선택하는 기능이 있는데 자전거를 선택하자 왕징에서 정법대까지 자전거 길이 그려지면서 예상 시간이 표시된다.

순간 자전거로 가야 하나 택시든 뭐든 불러서 어떻게든 차로 이동해야 하나 망설였다. 자전거를 못 타서도 아니었고 날씨가 좋지 않아서도 아니었다. 베이징에 도착한 지 채 며칠되지 않는 기간 동안 보고 들은 교통 혼잡에 대한 얘기 때문이었다.

중국에 도착하니 연수를 하는 대학이 방학이라 일단 매일 어학원을 다녔다. 기숙사에서 어학원까지는 지하철로 두 정거장으로 자전거를 타고 다니기에 적당한 거리였다.

정착을 도와주던 석사과정 여학생에게 자전거 가격을 묻자, 눈이 똥그래지면서 되물었다. "자전거 타고 다니시려고요?" 왜 굳이 위험을 자초하느냐며 말렸다. 그리고 며칠 후, 차와 사람, 자전거와 오토바이가 뒤섞인 베이징을 경험하면서 그 학생의 그런 걱정이 이해가 되긴 했다.

베이징의 교통 상황은 낯선 이방인의 눈에는 말 그대로 '헌난(很难, 어렵다)'이다. 일단 한국인을 놀라게 하는 것은 무단횡단이다. 분명 빨간불인데 여유 있게 길을 건넌다. 여럿이 함께해도 빨간불이면 약간은 겁을 먹게 되는데, 중국은 혼자라도 무서워하지 않았다.

일단 행인 여러 명이 모이면 신호등과는 상관없이 길을 건너며 달려오는 차와 기싸움을 한다. 차의 속도를 나름대로 측정해가며 요리조리 요령껏 혼자 건너는 중국인들의 뒷모습은 날렵했다. 한동안은 영화에서나 보던 장면들이 생각날 정도였다. 머리 위의 어지러운 전선 사이로 소와 사람, 차와 인력거가 뒤엉켜 있던 인도의 거리, 수백, 수천 대는 되어 보이는 오토바이와 자전거들로 가득한 자카르타나 호치민 거리, 뭐 이런 장면들 말이다. 우리도 교통신호 안 지킨다고 하면 할 말이 없지만 중국 도로의 혼잡은 가끔 상상을 초월했다.

베이징은 기본적으로 차량의 수가 많다. 주요 번화가의 도로는 상시 정체라는 표현이 알맞았다. 시내를 운전할 수 있는 차량 번호판을 제한하고 2부제를 한다는데, 사람만큼이나 차가 많았다. 거기에다가 클랙슨을 어찌나 눌러대는지, 경적 소리로 신경이 곤두서는 일이 한두 번이 아니었다.

더구나 사거리에서의 비보호 좌회전이 일상이다. 쉽게 말하면 우회전, 좌회전 하는 차들이 빨간불, 파란불을 가리지 않고 막 들어온다는 얘기다. 이러니 자전거를 타고 다니겠다는 초짜 이방인을 말리는 학생의 태도가 당연했다. 특파원이나 연수를 경험한 선배들이 후임자들을 위해 남긴 일종의 생활보고서에도 교통사고를 주의하라는 글은 생생한 경험과 함께 공통적으로 들어 있었다.

그런데도 나는 베이징에 온 지 보름쯤 됐을 때부터 자전거를 탔다. 운전면허도 없었고 차도 없었다. 중국은 국제면허가 인정이 되지 않아 중국 면허를 취득해야 하는데 좀 번거로웠다. 매일 택시를 타고 다닐 수도 없는 노릇인 데다 가끔은 지하철이나 버스보다 자전거가 빠른 길이었으니 탈 수밖에 없었다.

그렇게 나는 매일 아침 자전거를 타고 출근길이나 등굣길에 오르는 평범한 베이징 서민들, 라오바이싱의 무리에 끼었다. 웃옷을 걷어 올려서 배를 내민 채 양말에 슬리퍼를 신고 자전거를 타는 할아버지와 짧은 치마가 아슬아슬해 보이는 여성들 사이에 끼어 열심히 페달을 밟아댔다.

✖

〈북경자전거(十七歲的單車)〉라는 영화를 기억하는 사람들이 있을 것이다. 막 베이징에 올라온 시골 소년이 자전거를 도둑맞으면서 겪는 일을 묘사한 영화다. 2001년 제작된 이 영화에는 당시 베이징의 거리가 잘 드러나 있다.

자전거는 중국인들에게 각별하다. 60~70년대를 배경으로 한 중국 영화를 보면 출근길 신호를 기다리며 거리를 가득 메운 자전거의 행렬이 장관이다. 마치 먹이를 찾아 이동하는 철새 떼와 흡사하다.

차가 귀하던 시절, 자전거는 평범한 사람들이 가질 수 있는 최고의 교통수단이었다. 영화에는 냉장고를 운반하고, 사람 여럿을 위태롭게 태우고 다니는 자전거가 배경으로 스쳐간다. 베트남 전쟁 때, 자전거로 박격포와 군량을 운반했다던 베트콩의 전설까지는 아니어도 당시 중국에서 자전거 없는 일상은 상상하기 어려울 정도였다.

물론 지금은 그 정도는 아니다. 차량이 폭발적으로 증가하면서 자전거가 짊어져야 했던 짐을 상당 부분 덜 수 있었다. 전기 자전거가 많이 보급되면서 페달을 힘주어 밟을 일도 줄었고 한결 여유가 생겼다. 그래도 아직 자전거는 중국인의 일상이다.

자전거를 타고 다니느냐고 중국인 친구가 물었다. "운동도 할 겸 탄다"고 했더니, 중국인들은 자전거 타는 것을 운동으로 여기지 않는다고 말해줬다.

서울에서도 가끔 자전거로 출퇴근을 했었다. 하지만 회사가 여의도이고 집이 압구정이라 가능했던 일이다. 한강을 따라 쭉 달리면 되니까 별다른 수고가 더 들지는 않았다.

하지만 만약 도로를 달려야 한다면 사정이 달라진다. 서울의 자전거 도로는 시설이 갖춰져 있긴 하지만 폭도 좁고 택시와 버스가 수시로 끼어들어 위태롭다. 아찔한 순간이 한둘이 아니다. 베이징은 한국과 다르게 차로와 자전거 도로의 너비가 같다. 그리고 버스와 택시를 제외하고는 철저히 지키는 편이다. 또 차로와 자전거 도로는 경계를 나타내는 펜스로 상당 부분 분리되어 있다.

무엇보다 베이징은 길이 평평하다. 자전거를 타고 다니다 보면 베이징이 높낮이가 없음에 감탄하게 된다. 평지에 만들어진 계획도시라는 말이 실감난다. 자전거를 차와 똑같은 교통수단으로 인정하고 도로를 만들 때부터 대우를 해줬으니 많이 이용할 수밖에 없다.

자전거 안장 위에서 천천히 스쳐가며 본 베이징 서민들의 얼굴, 가게의 간판들은 중국을 이해하는 데 확실히 이득이 됐다. 다리 밑의 그늘을 찾아 저마다 자신의 특기인 목공, 장식 등의 단어를 목에 걸고 모여 있는 일용직 노동자들의 주름진 얼굴, 배를 내놓고 모여 카드놀이를 하던 동네 아저씨들, 오후 4시면 어김없이 학교 앞에 리어카를 끌고 나타나 새벽까지 지엔삥(煎 餠, 중국 전통 빵)을 만들어 팔던 아주머니, 교복인 체육복의 한쪽 다리를 걷어 올리고 몰려다니던 여학생들, 자신의 키만 한 짐 꾸러미를 지고 걷던 농민공의 뒷모습, 아침 시장에 부지런히 야 채와 과일을 배달하던 털털거리는 삼륜차, 주인이 자주 바뀌는 지 두 달이 멀다 하고 인테리어를 새로 하던 가게, 저녁이면 어 김없이 광장에 모여 춤을 추던 주민들의 모습은 차를 타고 다녔 다면 볼 수 없을 베이징 일상이었을 테다.

길이 눈에 익으면서 가끔 골목길을 헤집고 다녔는데 번듯한 빌딩 숲 뒤로 전혀 다른 모습을 하고 있는 남루한 뒷골목 역시 여과 없이 지나칠 수 있었다. 초라하든 화려하든 있는 그대로를 찾아볼 수 있는 것이야말로 '자전거의 미학'일 것이다.

시간이 지나면 당연히 일상도 바뀐다. 도로를 가득 메웠던 자 전거를 차량이 대신했듯이 지금의 자전거를 뭐가 대체할지는 모른다. 하지만 1차선을 지키고 있는 그 위치만큼은 쉽사리 변 할 것 같지 않다.

이미 자전거 세계에도 혁신이 시작됐다. 눈에 띄기 시작한 지 반년 만에 베이징을 점령한 공유자전거는 놀라움 그 자체다. 할아버지 할머니들이 느리게 걸어와 스마트폰을 꺼내 QR코드를 스캔해 공유자전거를 타고 다닌다. 라오바이싱들의 혁신이다.

　여전히 자전거 길은 수많은 자전거와 택배 삼륜차, 오토바이가 뒤엉켜 있어서 위태로워 보이지만, 일단 타보길 권한다. 신호도 규칙도 없이 엉켜 보이고 빈틈만 생기면 치고 들어가는 혼란스러운 상황은 잠시다. 익숙해지면 요령이 생기고, 요령이 생기면 베이징이 보인다. 전후좌우를 살피느라 목이 아픈 것조차 베이징 일상으로 받아들이고 열심히 페달을 밟을 만하다.

중국, 한 걸음 더 들어가기

- 어떤 이들은 중국의 교통을 '무질서 속의 질서'라고 말하기도 한다. 그들 나름대로의 실용적인 룰에 의해 굴러간다는 뜻일 테다. 확실히 무리에 끼다 보니, 차와 사람이 엉킨 듯 보였던 사거리의 혼잡도 나름의 규칙이 있었다. 차의 빨간불과 횡단보도의 파란불이 교차하는 순간의 흐름을 익숙하게 이용한다. 그래도 신호는 지켜야 한다.
중국인들은 신호보다는 사람을 먼저 확인한다는 말도 있긴 하지만, 교통사고는 여전히 많은 편이다. 중국인들 스스로 고쳐나가야 할 문제다. 흡연이 일상적이었던 베이징도 최근에는 길거리 흡연이 많이 줄었다. 침 뱉는 사람에게는 눈을 흘기기도 한다. 모든 것은 조금씩 나아진다.

- 베이징에서 자전거를 탄다는 것에는 '치명적인' 위험도 있다. 악명 높은 베이징의 공기다. 대기질도 안 좋지만, 자전거 도로와 버스정류장이 겹친다는 점을 상상해보면 이해하기 쉽다.
정류장에 정차해 있다가 출발하는 버스 옆을 지나게 되면 그 시커먼 매연을 고스란히 뒤집어써야 한다. 다시 한 번 베이징에 올 기회가 있다면 그때는 버스도 모두 전기버스로 바뀌어 있길 간절하게 기도해본다.

비닐봉지,
비닐에 담은 대륙의 실용주의

#비닐봉지 #포장 #다빠오 #택배

# #

학생식당 앞은 비닐봉지에
음식을 담아가지고 나오는 학생들로 흔하다.
비닐이 중국식 실용주의를
상징한다는 생각이 들었다.

대학 안에 식당이 있었다. 싸고 가깝고 편해 한동안 매끼를 해결하기 위해 들락거렸다. 며칠을 그러는데 무심코 지나쳤던 광경이 눈에 들어왔다. 많은 학생들이 하얀 비닐봉지에 먹을거리를 담아서 식당 밖으로 나오는 것이었다. 그리고 며칠을 또 유심히 지켜봤다.

하얀 비닐봉지에 담아 나오는 먹거리에는 제한이 없었다. 밥도, 반찬도, 만두도, 과일도 모든 것이 가능했다. 대체로 국은 보온통을 가지고 와서 담아갔지만 일부 학생들은 뜨거운 국도 비닐봉지에 그대로 넣어 잘도 들고 다녔다. 밥과 반찬을 따로 담지 않는 학생은 걸어가면서 내용물이 뒤섞이니 자동으로 비빔밥 비슷한 형태가 된다.

방학이라 어느 회사에서 인턴을 하는지 정장을 차려입은 데다가 해가 뜨거워 양산까지 쓴 학생이 한 손에 비닐봉지에 담은 밥과 반찬을 들고 기숙사로 향하는 모습은 낯설다 못해 '그로테스크'라는 표현이 떠오를 정도였다.

비슷한 장면을 인도네시아에서 촬영을 할 때 보긴 했었다. 자카르타에서 한참 가야 하는 시골이었는데, 구멍가게에서 콜라를 비닐에 담아 팔고 있었다. 아이들이 와서 비닐 가득 콜라를 담은 뒤 빨대를 꽂고 쪽쪽 빨아먹는 모습이 참 인상적이었는데, 베이징 대학생들의 그것도 따지고 보면 크게 다르지 않구나 싶었다.

중국은 음식을 포장하는 문화가 있다. 식당에서 밥을 먹고 남은 반찬이나 요리를 집에 싸가지고 가는 것이 전혀 어색하지가 않다. 고급스러운 식당은 비닐이나 종이로 만든 박스에 담아주지만, 동네 식당은 비닐봉지에 담아주는 곳이 많다. 그 대열에 합류하기까지 오랜 시간이 걸리지는 않았다. "다빠오(打包, 포장해 주세요)"라는 말을 하면 친절하게 봉지에 담아주니, 방으로 돌아와 예능 프로그램을 보면서 낄낄대고 먹는 것에 곧 익숙해졌다.

중국 어딜 가나 비닐봉지가 넘친다. 위생적으로 보이는 효과가 있어 식당에 가면 컵과 접시, 젓가락을 비닐로 포장해 손님에게 제공한다. 맥주로 유명한 칭다오에서는 맥주를 비닐에 담아 파는 이색 행사가 인기를 끌기도 했다. 행사가 아니어도 서민들이 모여 사는 골목으로 들어가면 실제 이렇게 파는 곳도 있다고 들었다.

길거리에서 나이차(奶茶, 밀크티) 한 잔을 사도 따이즈(袋子, 비닐봉지)가 필요한지 물어보고, 그냥 들고 가도 되는 컵을 굳이 비닐봉지에 담아준다. 비닐이 발명된 것이 수십 년 전이니 대륙에서 그동안 사용된 비닐봉지의 양은 상상 불가다. 문제가 없었을까? 당연, 큰 문제다.

이미 2008년 중국 정부는 이른바 '비닐봉지 사용 제한령'을 발표했다. 그리고 2016년 중국 관영 인민망은 국가발전개혁위원회의 자료를 인용해 2008년 이후 지금까지 전국의 식당, 상점 등에서 비닐봉지 사용량이 30% 정도 감소했다고 보도했다. 그럼에도 그 양이 140만 톤에 달하는 짐작하기도 힘들 만큼 막대한 양이다. 중국소비자협회가 국민에게 비닐봉지를 덧씌운 그릇, 따이타오완(袋套碗)에 담긴 음식을 먹지 말라고 권고했다는 기사도 있었다.

중국 노점에서는 그릇에 비닐을 씌워 음식을 파는 경우가 흔하다. 우리도 떡볶이를 파는 노점이나 작은 식당에서는 으레 접시에 비닐을 씌워 떡볶이와 튀김 같은 분식을 담아주곤 했다. 대개는 그릇과 접시를 닦을 만한 사정이 안 되거나, 설거지하는 품을 줄이기 위해 비닐봉지를 쓴다. 다 먹은 후에는 비닐만 벗기면 되니까 편하긴 하다. 손님도 위생적이라고 생각한다면 일석이조다.

하지만 몇 푼이라도 더 돈을 벌어야 하는 상인들이 비싼 비닐봉지를 사용할까? 보통 질이 그다지 좋지 않은 저렴한 비닐봉지를 대량으로 구매해 사용할 텐데, 비닐봉지에 뜨거운 음식을 담으면 환경호르몬과 발암물질이 나올 우려가 있다는 것은 수차례에 걸쳐 논란이 된 바 있다. 더러운 접시나 그릇보다 오히려 먹는 사람의 건강에 더 큰 위험이 될 수도 있다는 말이다.

지금은 한국의 노점들이 비닐을 거의 쓰지 않는 것처럼 중국도 사용이 많이 줄고 있는 것은 분명하다. 지린성에서는 일회용 비닐의 사용을 아예 금지한다는 발표도 있었고, 마트에 가도 비닐봉지가 필요하냐고 묻고는 따로 돈을 받는다.

✖

많은 중국인들도 이제는 마트에 갈 때 쇼핑 바구니나 재생이 가능한 봉투를 들고 다닌다. 하지만 최근 또 다른 강적이 등장해 중국 정부의 골치를 아프게 하고 있다.

급속도로 발전한 전자상거래, 타오바오로 상징되는 온라인 쇼핑몰이 그것이다. 클릭 한 번으로 집 앞까지 물건이 배달되는 중국. 상상을 초월한 숫자의 택배 상자가 대륙을 달린다. 여기에 비례해 택배 상자 속의 비닐 포장도 그만큼 대륙을 뒤덮고 있다.

중국의 한 매체는 우정국의 집계 자료를 인용해 2015년 중국의 택배 건수가 206억 건이라고 보도했다. 택배 상자 99억 개와 포장 테이프 1,690만 km가 사용됐다는 것이다. 지구를 400바퀴 넘게 두를 수 있는 있는 엄청난 양이다. 비닐봉지는 말할 것도 없다. 1년간 택배 물건을 포장하기 위해 29억 개가 사용됐다고 기사는 밝히고 있다.

여기서도 같은 문제가 발생한다. 택배 업체들은 돈을 벌어야 하니 단가를 낮추기 위해 질이 안 좋더라도 싼 비닐을 포장 재료로 쓴다. 분해가 되지 않는 싸구려 비닐 수십억 개가 택배 상자와 함께 중국 전역으로 배달되고 있는 셈이다. 몇 년간 힘들여 계도하고 법으로 금지까지 해가면서 사용량을 줄여놨는데, 정말 강적이다. 중국 정부가 또 어떻게 힘겨운 싸움을 해낼지가 궁금하다.

서양에서 수백 년이 걸린 경제성장을 단시간에 압축적으로 따라잡은 나라들이 있다. 우리가 그렇고 중국도 그 범주에 든다. 그러다 보니 부작용이 없을 수 없다. 환경 문제가 대표적이다. 환경은 돈이라 성장이 지상 과제였던 시절엔 항상 논외로 밀려날 수밖에 없었다.

경제성장은 극도의 효율과 편리를 추구한다. 먹고살 만해지고 나서야 비로소 주변을 돌아볼 여유가 생긴다. 하지만 수십 년 동안 앞만 보고 달린 습관은 쉽사리 고쳐지지 않는다.

비닐봉지에 음식만 담았을까? 중국이 개방 이후 이뤄낸 기적 같은 고성장을 하얗고 까만 비닐봉지에 담았을 것이다. 이제 와서 무거운 그릇에 담아서 들고 다니자고 한들, 손이 쉽게 가지는 않을 것이다.

환경단체가 바다거북의 해부 사진을 공개한 적이 있다. 비닐 폐기물로 범벅이 되어버린 그 처참한 사진을 본 후, 머리로는 '고쳐야 되는데'라는 생각을 한다. 하지만 막상 다빠오를 말하고는 빠오즈 몇 개와 과일을 비닐봉지에 담을 때는 쉽게 잊어버리고 만다.

거리에는 베이징 시민을 계도하기 위해 "환경보호인인유책(环境保护人人有责, 환경보호는 모든 사람에게 책임이 있다)"이라는 선전 문구가 곳곳에 붙어 있다.

비닐봉지에 담은 실용주의로 오늘의 편리한 삶이 가능했다. 동시에 비닐의 역습이 언제 시작될지 모른다. 그 사이에서 길을 잃고 주저하며 헤매는 모습이 보인다. 스스로든 남이든 예외가 없다.

중국, 한 걸음 더 들어가기

사실 비닐을 발명한 것은 한국인이다. 분단의 결과 우리는 북쪽으로 건너간 많은 이들의 이름을 잊을 수밖에 없었지만, 폴리비닐알코올(PVA)계 합성섬유인 비닐을 발명한 사람은 일제 강점기 저명한 과학자였던 조선인 이승기 박사를 비롯한 일본 대학 연구팀이었다.

이승기 박사는 그 후 북에서도 연구에 몰두해 '비날론'이라는 합성섬유를 만들어냈다. 2.8비날론 공장은 김일성이 대대적으로 지원해 한때 북한 공업 발전의 상징으로 불리기도 했다. 비닐이나 비날론이나 좀 더 값싸고 질 좋은 산업 자재와 의복을 만들겠다는 순수한 연구 열정이었을 것이다. 그가 고민했던 시대의 문제가 어느 정도 해소되었으니, 그 부작용을 해결하는 것이 이제 우리 후대의 몫일 것이다.

런타이뚜어러,
머릿수가 힘이다

#런타이뚜어러 #인구대국 #13억 #메이드인차이나

# #

중국의 국력은 사람이다.
그들 스스로도 "런타이뚜어러!"라며 허허 웃는다.
런타이뚜어러는
"사람이 정말 많다"라는 뜻이다.

런타이뚜어러(人太多了). 중국을 한마디로 표현하라고 하면 주저 없이 이 말을 하겠다. 사람이 정말 많다는 뜻이다. 헌뚜어런(很多人)이라는 말도 쓴다. 한두 달 정도만 중국에 체류한 사람들은 모두 체감한다. 많아도 너무 많다.

중국어 학원과 숙소가 지하철로 두 정거장이라 지하철을 타고 다녔는데 항상 사람들로 북적였다. 처음에는 아침저녁 출퇴근 시간이라 그러겠거니 했는데, 점심에 타도 많았고 어떤 시간에 타도 마찬가지였다. 더운 여름에 이상야릇한 땀 냄새와 체취로 범벅인 지하철을 타면, 다음 정거장에서 저 사람들을 뚫고 어떻게 내릴지를 고민하는 것이 고역이었다.

며칠 있다가 중국어 강사가 중국에 대한 인상을 묻기에 지하철에 사람이 너무 많다고 투덜댔더니 알려준 말이 런타이뚜어러였다. 그러고는 씨익 웃으며 덧붙였다. "어딜 가나 많다"고.

아마 인터넷에 떠돌던 흔한 대륙의 풍경 어쩌고 하는 사진을 본 사람들이 꽤 될 것이다. 사람들로 꽉꽉 들어차 움직일 수도 없어 보이는 해수욕장, 만리장성을 문자 그대로 입추의 여지없이 가득 메운 사람들, 명절인지 고속도로를 꽉 채운 압도적인 차량과 사람의 행렬 등이 그것이다.

한국에서 볼 때는 혹시 포토샵으로 만진 것이 아닐까 했었는데, 이제는 정말 그럴 수도 있다는 생각이 든다. 실제 중국의 포털 사이트인 바이두에 '런타이뚜어러'로 검색하면 사람들로 바다를 이룬 경악할 만한 사진을 숱하게 볼 수 있다.

내친김에 바이두에 중국의 인구를 검색해봤다. 2014년 기준 13억 6,782만 명으로 나온다. 2015년 국가통계국은 표본조사 결과 홍콩과 마카오를 제외하고 13억 7,349만 명이라고 했으니 14억 명 가까이 되는 것은 확실하다. 인도가 뒤를 쫓고는 있지만 아직까지는 단연 세계 1위다.

사회주의 신중국의 문을 활짝 연 마오쩌둥이 연설 때마다 5억 인민의 총단결을 강조했다는데 반세기 만에 두 배 반이나 늘어났다. 마오쩌둥이 말했다는 런뚜어예량따(人多也量大), 인구의 힘을 믿어서 그런지 급격하게 증가했다.

중국을 키우는 힘은 인구라는 믿음이 있다. 옛말에 '땅은 크고 물산도 풍부하며 사람이 많다(地大物博人多)'고 했는데, 과연 땅과 물산이 이 많은 사람들을 감당할 수 있을지 의문이 들만큼 많아진 셈이다. 그래서 나온 것이 '1가구 1자녀' 산아제한정책이다. 공산당이 통치하는 나라답게 수십 년간 중국에서 이 정책은 엄격했다. 그런데도 14억이다.

워낙 사람이 많아서일까? 인건비가 싸다는 생각이 드는 경우가 간혹 있다. 우리야 커피숍을 가든 패스트푸드를 먹든 각자 먹은 것은 각자가 치우는 것이 일상적인데 베이징에선 모두가 그냥 나간다. 모를 때는 먹은 것을 치우려고 들고 일어났는데, '쟤 왜 저러지' 하는 표정의 종업원과 어색해했던 것이 기억난다. 그냥 놔두고 일어나면 어딘가 주변에 있던 종업원이 와서 치워준다.

한국과 다르다고 중국 친구에게 말했더니 사람이 많은 나라라서 당연히 종업원도 많다고 한다. 그러면서 네가 치우면 그들의 일을 뺏는 거라고 했다. 그러고 보니 식당이든 상점이든 어딜 가든 한국보다는 종업원들이 많았다. 그만큼 인건비가 싸다는 뜻이다.

많은 인구는 중국에 득일까, 독일까? 해석이야 각자 바라보는 관점에 따라 다를 것이다. 하지만 확실한 것은 이 많은 사람들 덕에 싼 임금으로 물건을 만드는 것이 가능했고 그 덕을 전 세계가 몇십 년간 누렸다는 점일 것이다. 중국이 개방을 시작한 80년대 이후 이들은 세계의 공장을 자처하며 '메이드 인 차이나'로 세계를 덮었다.

싼 값에 대량으로 쏟아져 나오는 공산품들이 세계 각국의 마트를 가득 메웠고, 그 덕에 무엇을 상상하든 그것보다 더 싼 가격에 물질적 풍요를 누릴 수 있었다. 방마다 가족사진을 놓을 수 있는 플라스틱 액자도, 크리스마스에 빠질 수 없는 트리와 산타 할아버지 인형도, 남은 음식을 나눠서 정갈하게 분류할 수 있는 형형색색의 반찬통도, 이 모든 것을 터무니없이 싼 가격에 가능하게 한 힘은 바로 13억 중국의 노동자들이었다.

그리고 이제 수십 년 동안 '메이드 인 차이나'로 전 세계에 물건을 팔며 돈을 번 이들이 이제 불린 배를 두드리며 어찌할까를 고민하고 있다. 나라와 사람을 막론하고 차곡차곡 돈이 쌓이더니 지갑을 열어 쓰기 시작한 지 이미 몇 년이 지났다. 서울의 명동과 홍대 등 주요 관광지를 중국인들이 점령한 지 오래다. 이면도로에 수십 대씩 세워져 있는 관광버스에서 매시간 내리는 수백, 수천의 중국인들은 요우커(游客, 관광객)로 불리며 주요 관광지의 풍경을 바꿔 놓았다.

비단 우리의 얘기만은 아니다. 일본에서는 이들이 사가는 면세품의 엄청난 양을 바쿠가이(爆買い, 폭매)라고 부르며 환호한다. 중국인들 스스로 해외에 나가 쇼핑하는 데 엄청난 돈을 쓰는 자신들을 '돈 쓰는 바보'라고 자조하기도 한다지만, 멈출 기색은 없다. 매년 거의 수직으로 증가하는 그래프를 그리면서 해외로 나간다. 《일본경제신문(日本經濟新聞)》은 과거 돈을 벌기 위해 해외로 나간 중국인의 이동이 중국의 경제발전을 이끈 원동력이라고 지적한 바 있는데, 이제는 중국의 경제발전이 다른 의미로 중국인의 이동을 부르고 있다.

✖

중국의 많은 인구가 확실히 득이 되는 곳이 있다. 무서울 정도로 득이 된다. IT산업 얘기다. 〈황금의 펜타곤〉이라는 창업 오디션 프로그램을 제작할 때, 지원자의 70% 이상이 IT·모바일 관련 창업자였다.

원래 그 분야에 문외한이었는데, 프로그램이 끝나갈 때 즈음 주워들은 풍월이라고 알게 된 것이 있다. 이쪽 분야의 창업에서 중요한 것은 사람을 얼마나 모을 수 있냐에 있었다. IT·모바일 분야에서 힘은 사용자의 수에서 나온다. 몇 명이 그 앱을 사용하는가, 얼마만큼의 데이터가 축적되는가가 바로 돈으로 직결된다. 〈황금의 펜타곤〉에서는 번역앱인 플리토가 1등을 했었다. 사용자들이 자발적으로 번역을 주고받는다는 집단지성 번역앱이다. 그들에 의해 차곡차곡 쌓이는 번역 데이터를 구글에서도 탐낸다고 들었다.

이를 여실히 증명해주는 곳이 중국이다. 하루 1만 개의 기업이 탄생한다는 보도가 있을 정도로 중국은 이미 창업대국이다. 그리고 그중 상당수는 역시 IT·모바일 분야 창업이다.

《뉴욕타임스(The New York Times)》는 '모바일 기술에선 실리콘밸리가 아니라 중국이 최첨단이다'라는 제목의 기사에서 "모바일 분야에선 미국이 중국을 베끼고 있다"는 업계 관계자의 말을 전하며 중국의 혁신에 주목하기도 했다.

이 놀라운 혁신을 가능하게 한 힘이 바로 런타이뚜어다. 제조업도 마찬가지로 엄청난 머릿수의 소비자와 사용자를 가진 내수시장이 무엇을 시도하든 든든한 뒷배가 된다. 그들은 스스로 돈을 쓰는 사용자가 되어 자국의 인터넷 업체들을 무섭게 키우고 있다.

몇 해 전 많은 관심을 받았던 KBS의 다큐멘터리 〈슈퍼차이나〉 6부작의 첫 편도 '13억의 힘'이라는 제목을 달았다. 13억의 생산자가 13억의 소비자로 바뀌면서 세계 경제를 호령하는 과정에 주목했다. 중국인이 돼지고기를 많이 먹기 시작하자, 그 사료로 쓰이는 콩을 재배하기 위해 소가 뛰어놀던 아르헨티나 대평원이 콩밭으로 바뀌는 장면이 다큐의 오프닝이었다.

인터넷 세상의 '슈퍼차이나'도 실감난다. 구글, 페이스북을 정부에서 통제하는 나라, 그 덕을 봤다고 비아냥댈 수준을 이미 넘어선 지 오래다. 중국 인터넷정보센터 자료에 의하면 2016년 상반기 중국의 인터넷 인구는 약 7억 1,000만 명이라고 한다. 인구 대비 인터넷 보급률은 세계 평균을 뛰어넘는다. 특히 스마트폰 같은 이동통신을 이용해 인터넷을 이용하는 이들이 6억 5,600만 명에 이른다. 인터넷 이용자 4명 중 1명은 컴퓨터 없이 스마트폰만을 이용해 인터넷을 사용한다. 발전과 혁신이 없을 수가 없다.

사용자의 머릿수가 돈으로 환산되는 인터넷 세상. 중국은 인해전술의 덕을 톡톡히 보고 있는 것이다. 다시 한 번 질문을 던

져본다. 이 많은 인구는 중국에 득일까, 독일까? 굳이 배팅한다면 득에다가 걸어야겠다.

중국, 한 걸음 더 들어가기

14억에 육박하지만 이들도 우리처럼 인구절벽, 고령화를 걱정하고 있다. 1가구 1자녀의 후폭풍이 거세다. 특히 급속한 고령화가 최근 중국 정부의 고민거리로 급부상하고 있다. 중국 사회과학원의 쩡쩐쩐(鄭真真) 교수는 "이번 세기말이 되면 중국의 인구는 1980년 수준인 10억 명으로 감소할 것"이라고 말하기도 했다. 많아도 걱정. 적어도 걱정. 인구 방정식을 풀기는 어렵다.

검문과 검색,
일상적인 통제의 기억

#지하철검색대 #공안 #주숙등기

No. 0588491　住宿登记表　Accommodation Registration Form　表(三)

英文姓 YU Surname	英文名 JONGHUN First Name	性 别 男 Sex
中文姓名 柳宗勛 Name in Chinese	国 籍 韩国 Nationality	出生日期 Date of Birth
证件类别 普通护照 Type of Certificate	证件号码 Certificate No.	签证类别 [R]居留许可 Type of Visa
签证有效期 20170524 Valid Visa	抵达时间 20170419 Date of Arrival	离开时间 20170524 Date of Departure
住房种类 Housing Status	住 址 Address	

离京时请将此表交回派出所

#

등록, 검문, 신고, 검색.
중국에 입국하는 순간부터 익숙해져야 하는 단어들이다.
체류 경험에 비례해
일상적인 통제의 기억들도 늘어난다.

드디어 겪고 말았다. 국경절 연휴가 끝나던 금요일, 텐진(天津, 천진)에 다녀올 일이 있었다. 베이징에는 기차역이 베이징역 말고도 베이징북역, 베이징남역 등이 있다. 일을 마치고 바로 베이징남역으로 돌아와 지하철 4호선으로 갈아타려 했다. 그리고 사람의 바다를 만나고 말았다.

기차역에서 나와 지하철역으로 들어가는 데 1시간 정도 걸렸다. 텐진을 왕복하고도 남을 시간을 역을 가득 메운 사람에 밀려 게걸음을 하면서 보냈다. 처음에는 이것이 인터넷을 떠도는 중국 국경절 인파 사진의 현장인가 싶었다. 뭔 난리인가 싶어 머리를 치켜들고 주변을 살펴보니 역 안에서 유독 지하철로 향하는 곳만 사람들로 장사진이었다.

한참 후에 원인은 저놈의 검색대라는 것을 알았다. 물론 기본적으로 국경절 연휴라 평상시보다 사람이 훨씬 많긴 했을 테다. 하지만 그것보다 인간 교통지체의 주요 원인은 검색대 앞의 병목현상이었다.

중국은 검문검색이 일상화된 나라다. 처음 중국에 왔을 때는 지하철역에 들어가는 데도 가방을 검색대에 넣어야 하는 것에 적응이 안 됐다. 출퇴근 시간이면 검색대 앞에 늘어선 사람들의 줄이 역 앞을 돌고 돌아 있다. 혹여 급하게 가야 하는데 그런 상황에 처하면 '대체 왜 지하철 타는데도 가방을 검색하나'라는 생각에 분통이 터지기도 한다.

　지인에게 물어보니 2008년 베이징 올림픽을 치르면서 검색대를 설치했다고 한다. 지하철역에 따라서는 제복을 입은 직원들이 금속탐지기로 몸을 훑기도 한다. 계절을 가리지 않고 광장 주변에는 무장경찰이라고 써 붙인 험상궂은 장갑차와 꼿꼿이 서 있는 제복의 경찰들이 이방인을 맞는다. 더운 여름에는 땀으로 가득 찰 그들의 철모가 안쓰러웠고, 추운 겨울에는 매서운 바람에 맞서는 그 무표정에 눈길이 갔다.

　광장의 본질은 누구라도 모일 수 있는 개방성일 텐데, 중국의 검문검색 앞에 예외는 없었다. 천안문 광장에 들어가려면 지정된 통로로 가서 신분증을 보여줘야 했다. 외국인이면 여권이 있어야 한다. 중요한 정치 일정이라도 있는 날에는 강도는 한층 더해진다. 시내 곳곳에 임시 검문소가 설치된다.

　운이 없게 교통 통제에 걸리면, 도로 한복판에서 꼼짝없이 긴 시간을 기다려야 한다. 택시가 톈안먼(天安门, 천안문)이나 창안지에(长安街, 장안가) 등 인민대회당 근처의 주요 도로를 지날 때는 반드시 창문을 잠근 채 운행해야 한다는 기사를 본 적이 있다.

　'양회'는 중국 최대의 정치 행사다. 전국인민대표대회와 중국인민정치협상회의를 말하는데 매년 3월에 개최된다. 베이징의 인민대회당에서 지도부의 인선과 국가의 핵심적인 정책 목표를 결정한다. 시진핑 체제를 공식 선포한 것도 2013년 양회였다. 양회는 중요한 정치 행사이지만 축제 같은 느낌의 참여보다는 규율과 통제가 우선이다.

당대회와 같은 단어들은 아예 검색이 차단된다는 얘기도 들었다. 웨이보 같은 SNS에서도 찾아볼 수 없는 것은 물론이다. 공안의 인터넷 검열은 우리가 생각하는 것 이상이다.

한국인들이 소식을 주고받는 네이버나 다음의 베이징 한인 커뮤니티에는 이때나 국경절에 갑자기 카카오톡이나 단체 문자가 먹통이 된다는 글들이 심심치 않게 올라온다.

과거 우리의 국정원도 요원들을 동원해 댓글을 달았다가 파장을 일으켰지만 중국 공안은 자원봉사자 수십만 명까지 동원해 인터넷을 통제한다는 소문이다. 그나마 우리는 국정원장을 재판정에라도 세우고 대통령을 향해 손가락질이라도 할 수 있지만, 중국에서 그런 일이 가능할 수 있을지는 의문이다.

✖

중국 생활 중 잊을 만하면 되새기게 되는 것은 이런 통제의 기억이다. 중국에서 유학 중인 학생이 있었다. 스펙도 쌓을 겸 어렵게 UN의 인턴 자리를 구했다. 난민 관련한 기구였는데, 특별한 활동을 한 것은 아니었다고 한다. 부탁 받은 자료조사나 현지 기사 스크랩이 전부였다.

그런데 어느 날 지도 교수가 인쇄된 종이 한 뭉치를 전해주면서 인턴을 그만하라고 했다. 종이에는 그와 UN 기구가 주고받았던 이메일이 모두 인쇄되어 있었다고 한다. 박사과정 학생에게 들은 얘기다. 유학생들 사이에 전설처럼 전해 내려오는 실화라고 했다. "선배도 KBS라는 타이틀이 있으니 조심하세요"라는 것이 요지였다. 귀국한 특파원 선배도 비슷한 말을 한 적이 있다. 특파원들은 베이징 지국의 유선 전화에 대한 도청을 의심하고 있다고 했다. 민감한 이야기나 취재거리는 될 수 있으면 직접 만나서 한다고 했다.

겪어보지 못했고 확인도 하지 못했으나 전해 들은 이야기가 겹치면서 단순한 의심의 차원을 넘어선다. 택시를 타면 조수석 앞에 작은 마이크가 있는 것을 볼 수 있다. 택시 도청에 대한 얘기를 들은 적이 있기 때문에 뭔가 싶어 유심히 살폈다. 기사에게 물어보니 중앙 본부에서 듣는다고 하는데 지금은 꺼놨다고 말한다. 왠지 찜찜하다.

힘을 가진 쪽은 힘을 유지하기 위해 통제의 유혹을 느낀다. 언제나 명분은 힘이 없는 자들에 대한 보호다. 테러로부터 보호하기 위해, 범죄로부터 안전하게 보호하기 위해, 외국의 침략으로부터 보호하기 위해. 이유야 셀 수 없다. 히틀러도 그랬고, 스탈린도 그랬고, 셀 수 없이 많은 강압적인 정권들이 그랬다. 중국에 거주하는 변호사 한 분과 식사를 한 적이 있다. 법원 – 검찰 – 경찰의 견제와 균형에 대한 얘기가 나왔는데, 중국은 공안이 압도적이라고 했다. 형사소송 절차에 규정되어 있다는 설명이었다. 법원의 판결에 검찰이 이의를 제기할 수 있는데, 검찰의 의견보다 공안의 판단이 우선이라고 했다. 이는 우리와는 정 반대다. 고위직 판사가 삼권분립은 중국에 맞지 않는 제도라고 공개적으로 말을 하는 경우도 있다니, 우리 잣대로 판단하기는 어렵다.

통제의 달콤한 유혹을 떨쳐버리려는 노력이 민주공화정의 척도라고 배웠다. 필요한 최소한 통제도 역시 법과 제도의 엄격한 규율 밑에서 가능해야 한다고 믿고 있다. 우리가 중국에게 보여줘야 하는 건강한 가치가 있다면 이것일 것이다. 스마트폰이나 자동차 몇 대를 더 파는 것보다 중요하다.

무소불위로 보이는 권력도 평범한 유권자가 가진 한 표의 소중함과 무서움을 안다는 것이 우리의 자랑이어야 한다. 간혹 통치자에 대한 절대 충성이 전부인 줄 알고, 정작 자신을 먹여 살리는 시민들을 통제의 대상으로 여기는 무지가 우리에게도 있긴 하다. 섬겨야 할 진정한 대상이 누구인지를 모른다.

줄을 길게 서서 발을 동동 구르는 것은 언제나 표를 가진 진짜 주인들이다. 다만, 그 주인들이 한번 출렁이면 세상을 바꿀 수 있다는 것이 우리의 국격이다.

중국, 한 걸음 더 들어가기

- 외국인에게는 검문검색에 하나가 추가된다. 자신이 중국에서 어디에 거주하고 있는지를 관할 파출소에 신고해야 한다. 주슈떵지(住宿登記, 주숙등기)라고 한다. 호텔이나 학교에서 대신 해주지만, 그렇지 않으면 직접 가야 한다. 언어도 서투른데 고역이다. 가끔 공안이 불심검문을 하며 주숙등기를 요구하는 경우가 있다고 하니 안 할 수도 없다. 만약 없으면 벌금을 내야 한다.

  유학생들은 비자에 해당하는 거류허가증도 받아야 한다. 보통 학교는 1년 단위로 등록금을 받는데, 거류허가증은 330일이 기한이라 두 번 걸음을 해야 한다. 서류와의 전쟁을 하다 보면 아직 이곳이 사회주의 사회라는 점이 절로 느껴진다.

- 바이두에 '1989년, 천안문'이라는 검색어를 입력해봤다. 한참 스크롤을 내렸지만 공산당과 인민해방군에 의해 진압된 천안문 시위에 대한 글이나 사진은 찾기가 어려웠다.

  베이징 신문인 《신경보》에 의하면 인터넷정보판공실에서 대형 포털 사이트의 뉴스가 사회주의 사상 인식이 부족하다며 감찰에 나선다고 한다. 바이두와 위챗, 타오바오로 안 되는 것이 없는 인터넷 굴기의 중국과 역사적 사건인 시위 기사 한 줄 검색할 수 없는 중국 사이의 이 간극을 어떻게 해석해야 하는지 난감하다.

미세먼지,
마음껏 숨 쉴 자유는 어디에

#우마이 #스모그 #미세먼지 #PM2.5 #펑쥐장

# #

베이징으로 발령받으면
회사에 생명 수당을 신청하라는 말이 있다.
특히 겨울에는 창문을 열어 스모그를 확인하고
휴대폰에서 공기 품질 수치를 검색하는 것으로
하루를 시작한다.

베이징에는 '신인류'가 산다. 그들은 1년의 절반을 해를 직접 쳐다봐도 눈이 부시지 않는 뿌연 하늘 밑에서 산다. 거리를 걸을 때면 얼굴의 반을 가리는 마스크를 꼭 착용한다. 공기를 정화하는 작은 장치가 달린 조금 비싼 마스크를 쓴 사람도 있고, 간혹 방독면과 흡사한 모양의 것을 한 사람도 눈에 띈다. 이들은 자신들뿐 아니라 심지어 애완견에게도 마스크를 씌운다. 마스크가 이들에게는 이동을 위한 생명줄이다.

분명 한낮인데도 창밖으로 보이는 고층빌딩은 윤곽만 희미하다. 뿌옇거나 심지어 어둑한 느낌이 드는 날이면, 마스크를 쓴 '신인류'의 행렬은 절정에 달한다. 지켜보고 있으면 음산하고 섬뜩하다.

지금은 미세먼지라 부르는 끔찍한 환경재앙, 스모그 속을 살아가는 사람들의 이야기다. 중국에서는 스모그를 우마이(雾霾)라고 한다. 안개(雾)라는 글자와 흙먼지(霾)를 합쳤는데, 실상은 흙먼지가 아닌 공장에서 뿜어 나오는 공해 물질이다. 산업화 단계를 겪은 서구에서 일찍이 수천 명의 사망자를 낸 것이 바로 스모그다. 이제 한국인들에게도 일상이 되었다. 하늘이 뿌예지면 중국 쪽 하늘을 쳐다본다. 편서풍을 타고 한반도로 날아온다는 강한 의심 때문이다.

10월로 접어들면서 국경절부터 보름 정도 파란 하늘을 보지 못했다. 가을이었는데도 그랬다. 드문드문 파란 날이 있는가 싶더니 11월을 넘어가면서는 베이징 공항에 비행기가 착륙을 하지 못할 정도로 심한 날도 있었다. 12월과 1월은 말 그대로 '살인 스모그'의 절정이다.

이 기간에는 가급적 중국을 방문하지 말 것을 권유하는 사람들이 많다. 공항에 내리면 눈이 따끔거릴 수도 있고 미세하지만 이상한 냄새가 날 수 있다는 경고는 흔하게 들었다. 둔해서 그런지 심하게 느껴지는 못했지만 실제 베이징에 사는 한인들은 탄내가 난다는 표현을 많이 쓴다.

원인과 해법을 누구나 다 알지만 개선은 쉽지 않다. 석탄, 석유를 원료로 쓰는 공장 굴뚝과 자동차 배기구에서 쏟아져 나오는 미세먼지는 지금 이 시간도 쉬지 않는다.

직경 2.5㎛ 이하의 초미세먼지는 사람의 기관지와 폐 깊숙한 곳까지 들어가 폐암을 비롯한 각종 질환을 일으킨다. 세계보건기구(WHO)는 이미 초미세먼지를 1급 발암물질로 규정했다.

초미세먼지, 즉 PM2.5의 농도는 대기오염의 정도를 나타내는 수치로 쓰인다. WHO의 기준치는 25㎍/㎥인데, 베이징의 겨울에는 300㎍/㎥을 넘어가는 날이 적지 않다. 기준치의 10배

이상을 우습게 넘긴다.

베이징의 거의 모든 한국인들은 PM2.5 농도를 알람처럼 알려주는 앱을 휴대폰에 깔아 놓고 습관적으로 들여다본다. 500μg/m^3, 600μg/m^3, 700μg/m^3. 앱은 스포츠 경기 중계하듯 농도를 알려준다. 이렇게 농도가 올라가는 날이 반복되면, 주로 한국인 주부들이 가입한 인터넷 커뮤니티인 '베이징 키즈&마미' 카페는 한숨 쉬는 엄마들로 난리가 난다.

그 한숨이 별스럽지 않은 것이 1950년 1주일 동안 5,000명이 넘는 시민의 목숨을 앗아간 런던 스모그 참사 때의 농도를 1,000μg/m^3이라고 보기 때문이다. '살인 스모그'라는 명칭이 과하지 않다. 영국 신문《파이낸셜타임스(Financial Times)》는 대기 오염으로 인한 종말이라는 뜻의 '에어포칼립스(Airpocalypse)'라는 용어를 소개하기도 했다.

촬영으로 며칠 다녀갈 때는 사실 가볍게 생각하기도 했었다. 스모그가 가장 심하다는 날 온 적도 있었는데, 안개 비슷하기도 해서 그저 뿌옇구나 하는 정도였다. 일에 바빠 신경 쓸 시간도 없었다. 가끔 보도를 통해 접하게 되는 에피소드에 웃어넘길 때도 많았다. 중국의 쇼핑몰에서 신선한 공기를 담은 비닐봉지를 판다든지, 베이징 주변의 산을 폭파해서 바람이 지나가는 길을 만드는 것을 고려하고 있다든지 하는 기사들은 왠지 과장스럽고 호들갑 같았다.

하지만 겪어봐야 안다고 했던가. 머리가 조금만 아파도 이거

스모그 때문이 아닌가 하늘을 탓하고 짜증을 내는 날이 늘어갔다. 연수지로 베이징을 선택했다는 말을 듣자, 외국계 기업에 다니는 지인의 생명수당 받아야 하는 것 아니냐는 걱정이 점차 현실이 됐다. 탄내를 느낄 정도는 아니었지만 뿌연 하늘을 보면 아침부터 우울했다.

✖

실제 베이징은 대기오염으로 인해 주재원을 구하기 힘든 도시라는 악명이 자자하다. 주중 미국대사였던 게리 로크가 2013년 사임하면서 이유를 묻는 기자들의 질문에 "스모그 때문은 아니다"라고 말한 것이 화제가 된 적도 있다.

고작 1년 체류한 이방인도 이럴 정도니, 실제 중국인들의 걱정은 평소 무덤덤한 그들답지 않다. 스모그의 심각성을 다룬 다큐멘터리 〈돔 천장 아래서(Under the Dome)〉는 공개되자마자 하루 만에 1억 명이 넘는 사람들이 인터넷으로 봤다. 제작자는 CCTV의 앵커였던 차이징이라는 여성인데, 스모그 때문에 딸이 종양을 앓고 있다고 결론을 내려 다니던 직장을 그만두고 다큐를 만들었다고 한다.

한 무명의 예술가는 진공청소기로 천안문 광장 등 베이징 시내의 먼지를 채집해 만든 먼지 벽돌을 만들었는데, 그 사진이 중국 네티즌들을 경악케 했다. 폭염과 한파 등의 기상 경보에 인색한 중국 당국도 미세먼지에 대해서는 적색 경보를 내릴 수밖에 없다. 적색은 최고 등급의 위험이다.

중국은 적색 – 주황색 – 노란색 – 파란색의 순으로 미세먼지의 위험을 알린다. 일단 적색 경보가 발효되면 초·중·고와 유치원은 휴교한다. 차량은 강제로 2부제가 실시돼 거리의 차는 절반으로 준다. 각종 공사 현장의 기계들도 멈춘다.

물론 시민들은 적색 경보가 발효돼도 뒷북이라며 불만, 되려 생활에 불편만 초래한다며 불만, 이래저래 불만이다. 하지만 이방인의 눈에는 날씨쯤은 우습게 아는 중국 당국이 그래도 미세먼지의 심각성을 인지하고 있다는 뜻으로 읽힌다.

한국으로 돌아온다고 한들 미세먼지 위험은 여전하다는 것도 문제다. 몇 년 전부터 한국도 몸살이다. 한국 내의 대기오염 때문인지 중국발 스모그가 문제인지 왈가왈부 말이 많지만 조금만 검색하면 중국 북부의 거대한 먼지 덩어리가 한반도로 옮겨오는 위성사진을 쉽게 찾아볼 수 있다.

인접한 국가의 환경오염으로 인한 분쟁 사례는 국제적으로 흔하다. 스칸디나비아의 보석 같은 계곡과 호수를 품은 스웨덴, 노르웨이는 자국의 산성비가 영국과 독일의 공해 물질 때문이라며 골머리를 앓은 적이 있다. 이웃 국가의 공장 매연으로 과수원 같은 농업 지역이 타격을 받는 것은 국경을 맞대고 있는 유럽 나라들에서 한번쯤 겪었을 문제다. 1972년 스톡홀름 환경

선언에서 "모든 국가는 옆 나라에 환경 피해를 주지 않도록 최선을 다해야 한다"는 원칙을 채택한 것도 이런 분쟁을 염두에 두었을 테다.

그렇다고 왜 너희 더러운 공기를 우리에게 보내느냐고 삿대질하는 것만큼 무용한 일은 없을 듯하다. 항의하고 싸울 일이 아니라 머리를 맞대고 우리 아이들을 위한 이야기를 할 때다. 뛰어놀아야 할 아이들이 놀이터에 나가지도 못하는 일이 비정상이라는 것쯤은 쉽게 공감할 테니 말이다.

중국인들에게 "왜 너희는 우마이를 저렇게 두고 보고만 있냐"고 물은 적이 있다. 그러자 자기들에게 우마이는 아직 최우선 순위가 아니라는 답이 돌아왔다. 공장의 문제는 민생의 문제라며 어려운 문제라고 고개를 저었다. 무작정 공장을 닫아버릴 수도 없고, 이것 말고도 해결해야 할 문제가 너무 많다 보니 순위가 뒤로 밀린다고 했다. 환경 문제는 결국 돈이고 경제다. 중국 정부의 딜레마도 거기에 있을 것이다.

중국 북부의 따퉁(大同)에 간 적이 있다. 중국 3대 석굴인 운강 석굴로 유명한 도시지만, 한동안은 북방의 거친 바람에 그저 가난한 변방의 도시였다. 그런 따퉁이 중국에서 손꼽히는 석탄 산지가 되면서 도시에 돈이 돌았다. 가지고 있던 땅이 광산으로 개발되면서 벼락부자가 된 이들이 속출했다.

따퉁의 항산 정상에 오르면 거대한 노천 탄광이 한눈에 들어온다. 지하로 들어갈 필요도 없이 땅을 긁어내면 된다. 북방의 찬바람쯤은 넘치는 석탄으로 뜨끈하게 데우면 그만이다. 석탄을 실어 나르는 거대한 트럭들로 톨게이트는 항상 북적거린다.

그 풍요와 맞바꾼 것이 맑은 공기다. '숨 쉬다가 숨진다'는 말이 나올 정도로 따통의 대기오염은 최악이다. 트럭은 돈을 싣고 달리지만 그 트럭에서 떨어지는 검은 탄가루는 주민들에게서 푸른 하늘을 빼앗았다.

따통에 사는 어린 소녀가 희미한 태양 아래서 콜록거리던 영상은 짧지만 깊은 여운을 남긴다. 그렇다고 석탄 채굴을 멈출 수도 없는 노릇이다. 공장 밸브를 잠글 수도 없다. 당장 먹고사는 문제가 걸렸기 때문이다. 그 기로에서 지금 중국의 선택은 지지부진하다.

그 선택의 길에 손을 내미는 것이 우리의 몫이다. 2015년 적색 경보가 내려졌을 때의 우마이 피해면적은 66만 km^{2}다. 한반도 면적이 22만 km^{2}니까 3배 정도 된다. 우리가 피하려야 피할 수 있는 상황이 아니다. 실현 가능한 작은 것부터라도 함께 찾는 작업을 통해 중국 정부가 해결해야 할 우선순위에 올릴 수 있도록 도와야 한다.

이것은 한국과 중국의 공생의 길이다. 정치도 아니고 이념도 아니다. 아이들을 생각해 더 이상 미룰 일도 아니다. 중국 환경보호부의 표어가 명확히 알려준다. "함께 호흡하고 같이 싸우자."

중국, 한 걸음 더 들어가기

- 펑쥐장(风局长, 풍국장)이라는 신조어가 있다. 바람 풍[风]에 국장이라는 직함을 붙여줬다. 북풍이 세게 불면 우마이 농도가 현저히 떨어지기 때문에 생긴 말이다. 300~400㎍/㎥을 웃돌던 PM2.5 농도가 밤새 부는 바람에 기준치 이하로 떨어지기도 한다. 하지만 바람밖에 기댈 것이 없다면 가뭄에 기우제 지내는 것과 다를 것이 없다. 풍국장은 중국 네티즌들이 많이 쓰는 말이다. 우마이에 속수무책인 당국을 비꼬는 말이기 때문이다.

- 베이징시가 우마이 세금을 검토하고 있다는 소식이 보도를 통해 알려지고 있다. 자동차 배기가스를 줄이기 위해 차량에 부과하는 방법을 논의 중이라고 한다. 세금 올리는 것을 좋아할 국민은 없다. 폐를 깨끗이 하는 여행이나 음식에 대한 관심은 높아가지만 막상 세금으로 우마이에 대한 대책을 부담해야 한다면 사람들은 손사래를 친다. 어찌 조율해 실천할지 궁금하다.

기차, 사회주의 기차는
자본주의를 싣고 달린다

#잉쭤 #고속철 #까오티에 #축적의시간

#

세계 최대의 고속철도망이
대륙을 종횡으로 덮어가고 있다.
최근 몇 년 새 중국 여행이
확실히 편해졌음을 느끼는 이유 중 하나가 고속철이다.

한동안 '꼬리칸'이라는 말이 유행했던 적이 있다. 영화 〈설국열차〉가 흥행할 때였다. 영화 속 열차는 철저하게 계급으로 나뉘어 있다. 맨 끝 꼬리칸의 삶은 비루하다. 바퀴벌레를 주재료로 한 단백질 덩어리를 주식으로 먹고 한 번 씻지도 않았을 몸에 빨지도 못한 옷을 걸친 그들은 항상 춥고 배고프다. 빈민굴 같은 그곳에서 반란을 일으켜 한 칸씩 앞으로 나아가는 것이 영화의 주된 축이다.

절대 권력자 윌포드가 사는 맨 앞 칸은 호화롭다. 스시를 먹기 위해 커다란 어항에 물고기를 키운다. 결코 평등하지 않은 열차가 쉬지도 않고 달린다. 영화를 본 많은 사람들이 현실에 빗대어 씁쓸함을 곱씹었다.

중국에서 기차를 타본 사람들 중 더러 중국의 기차가 '설국열차' 같다며 우스갯소리를 하는 이들이 있다. 물론 기준은 돈이다. 겉옷은 사회주의를 입었지만 속옷은 자본주의를 입은 중국을 적나라하게 보여주는 곳이 기차라는 얘기다.

워낙 넓은 땅덩어리를 기차로 가다 보니 좌석 외에 침대칸이 별도로 있다. 우리에게는 낯선 모습이지만 예전에는 30시간 이상이 걸리는 기차 노선도 있었다고 한다. 중국인에게는 해가 뜨고 지는 모습을 기차 안에서 봐야 하는 것이 다반사다. 앉아서 가는 칸, 조금 더 편하게 앉아서 가는 칸, 누워서 가는 칸, 조금 더 편하게 누워서 가는 칸. 앞으로 조금씩 갈수록 편해지고 비싸진다.

좌석칸과 침대칸은 잉(硬)과 루완(软)으로 구분한다. '잉(硬)'은 딱딱하다는 뜻이고 '루완(软)'은 부드럽다는 뜻이다. 좌석이고 침대고 부드러운 것이 당연히 비싸다.

침대칸은 침대를 뜻하는 '워(卧)'라는 한자가 붙어 워푸(卧辅)라고 한다. 잉워(硬卧)는 객실 하나에 침대가 6개다. 한 면에 상·중·하 3개씩 있다. 상·중·하도 가격 차이가 있다. 맨 위의 침대가 조금 더 싸다. '자다가 굴러 떨어지면 어쩌나'라는 생각도 들고 중간 침대에 누우면 아래위로 침대가 막고 있어 마치 관 속에 누운 느낌도 든다.

루안워(软卧)는 한 면에 상하 2개씩 침대가 4개다. 잉워에 비해 공간이 넉넉하다. 침대도 조금 더 푹신한 느낌인데 기분 탓인지 실제로도 그런지 모르겠다. 고급 루완워는 객실 하나에 침대가 2개다. 가격은 거의 비행기와 비슷하다. 전용 TV와 전용 조명이 있고 화장실도 물론 별도로 이용한다. 연인이나 신혼여행 가는 젊은 부부들이 많이 이용한다고 들었다.

좌석칸도 루완쭤(软座)와 잉쭤(硬座)로 나뉜다. 서민들의 고단함은 잉쭤에 있다. 잉쭤는 처음 보면 이런 곳에 어떻게 앉아서 장시간 여행을 하나 싶을 정도다. 좌석의 등받이가 거의 90도, 직각이다. 그리고 '잉'이라는 말 때문인가 딱딱하다. 그 억센 의자에 여러 명이 끼어 앉아 가는데, 특히 농민공과 학생들이 많이 탄다. 마주 보고 있는 앞사람과는 무릎과 무릎이 닿을 때도 있다. 돈과 고향은 반비례한다. 돈이 없을수록 고향까지의 거리가 멀다. 잉쮀를 타고 10시간 이상을 가는 것이 보통인데도 잘들 타고 다닌다.

중국어를 가르쳐주던 학생이 잉쮀를 이야기하며 시장 바닥처럼 북적이고 떠들썩하다는 뜻의 '르어나오(熱闹)'라는 단어를 썼다. 입석으로 탄 사람들이 나중에는 좌석 위 짐칸과 좌석 밑 공간까지 파고 들어와 누워서 잠을 잔다고 한다. 화장실이라도 한번 가려고 하면 통로에 누워 자고 있는 사람들을 피해 발을 딛느라 고역이라고 했다.

허베이성(河北省, 화북성) 스좌장(石家庄, 석가장)이라는 도시에서 밤 기차를 타고 산시성(山西省, 산서성) 옌안(延安, 연안)을 간 적이 있다. 기차표의 가격이 잉쮀는 91위안, 잉워는 158위안, 루안워는 243위안, 고급 루안워는 442위안이었다. 입석은 보통 잉쮀와 가격이 같다.

8시간을 밤새 달려 새벽에 도착하는 일정이었는데, 기차를 탈 때 승무원에게 표를 주면 카드로 바꿔준다. 나중에 이 카드와 표를 다시 바꾸기 위해 승무원이 깨운다. 자다가 목적지를 놓쳐 못 내리는 일은 없을 듯하다.

드물지만 침대칸을 낮에는 좌석칸인 잉쬒로 활용하는 기차도 있다. 침대를 세 자리로 나누는데 낮에는 침대칸을 타는 사람들이 많이 없는 점을 생각하면 참 실용적이다. 운이 좋아 위에 침대칸이 비어 있으면 좌석칸을 사고 누워서 갈 수도 있다. 기차표에는 '잉워따이잉쬒(硬臥代硬座)'라고 써준다.

✖

이 모든 계급의 맨 꼭대기에 까오티에(高铁), 고속철이 있다. 고속철은 대부분 기차역부터 다르다. 새로 지은 고속철 기차역은 규모와 시설이 일반 기차역과는 비교가 안 된다.

우리가 예전에 새마을호 · 무궁화호 · 통일호 · 비둘기호 하며 열차 등급을 나눴듯이 중국도 속도에 따라 기차 등급을 나누긴 한다. 뚱처(动车) · 콰이처(快车) · 만처(慢车) 등으로 분류하는데, D · Z · T · K · M 같은 영어 이니셜을 쓴다.

하지만 고속철의 등장 이후에는 고속철과 고속철이 아닌 기차가 큰 분류 기준이 되었다. 시속 300km가 넘는 고속철이 베이징−상하이를 5시간이면 주파한다. 공항에서 대기하는 시간에 국내선의 잦은 연착을 고려하면 오히려 비행기를 탈 때보다 빠를 수도 있다. 심지어는 표의 가격도 특가로 나온 비행기 표가 더 쌀 때도 있다.

중국은 지금 전력을 다해 고속철에 올인하고 있다. 대륙 전체를 종으로 횡으로 촘촘하게 고속철로 연결하겠다는 계획이다. 철도는 국가의 기간산업이다. 산업혁명과 증기기관차를 서로 떼어놓고 생각할 수 없듯이, 힘차게 구르는 철도 바퀴는 국가의 부가 성장하고 있음을 말해준다.

　미국 서부의 골드러시도, 러시아의 시베리아 진출도 모두 철로를 깔면서 시작됐다. 과거 식민지를 조금이라도 더 차지하기 위한 제국주의 열강들의 가장 큰 이권도 철도 부설권이었다. 고속철 역시 그 궤를 벗어나지 않는다.

　일본의 신칸센(新幹線)이 1964년 처음으로 달리기 시작한 이후, 독일의 이체(ICE), 프랑스의 떼제베(TGV)는 각각 그 나라의 국력을 상징하는 고유명사가 됐다. 우리 역시 2004년 KTX가 개통되면서 그 명단에 이름을 올렸다.

　지금 전 세계 고속철의 새로운 강자가 중국이라는 점에는 이론의 여지가 없다. 서방 각국이 많게는 100년에서 최소 수십 년이 걸려 이룩한 '축적의 시간'을 중국은 늘 그렇듯 물량 공세로 뛰어넘으려는 시도를 하고 있다.

　고속철에 이름을 올리겠다고 뛰어든 지 십수 년 만에 중국은 1만 7,000km라는 세계에서 가장 긴 고속철도망을 건설한 나라가 됐다. 앞으로 4조 위안을 투자해 15만 km로 늘리겠다는 정부의 계획도 있다. 우리 돈으로 600조 원이 넘는 돈이다.

　엄청난 길이의 철로를 운용하며 차곡차곡 쌓아가는 노하우야

말로 중국 고속철의 최대 자산이다. 거기에 상대적으로 싼 가격을 들이미니 수출 시장에서도 중국은 고속철의 속도로 뻗어나간다. 규모도 엄청나다. 동남아시아, 아프리카의 철도 공사를 수주했다는 뉴스의 제목은 보통 '중국의 투자 건설 중 가장 규모가 큰'으로 시작한다.

황금을 찾아 미국 서부로 몰려드는 사람들 중에는 비참한 노동 조건 속에 동원됐던 중국인들도 있었다. '쿨리'로 불리던 그들의 싼 인건비와 장시간 노동이 미국의 황금시대를 이끈 원동력 중의 하나다. 그 시련을 간직한 중국이 120억 달러 규모의 LA−라스베이거스 고속철 건설 프로젝트를 수주했다는 소식은 말 그대로 격세지감이다. 13조 원이라는 돈을 뛰어넘는 일종의 상징이다.

중국의 질주에 대한 견제인지는 몰라도 계약이 취소되는 우여곡절이 뒤따르고 있지만, 곧 미국 대륙을 중국 고속철이 달린다는 것은 부인할 수 없는 현실이 되고 있다.

잉쭤부터 까오티에까지 철도는 지금의 중국을 잘 볼 수 있는 창이다. 서 있을 틈조차 찾기 힘들 정도로 잉쭤칸을 꽉 채운 사람과 짐 보따리, 밤 10시 열차를 기다리는 기차역의 혼잡한 열기가 베이징−톈진을 30분 거리로 만든 고속철의 매끈한 몸매와 공존한다.

무슨 냄새인지도 모를 악취와 함께 10시간, 20시간을 달려야 하는 열차 한쪽에 자기부상열차를 추진한다는 소식이 담긴 신문이 널브러져 있다. 다음 칸으로 한 단계 전진하기가 쉽지 않았던 '설국열차'의 그들과 끝없이 다음 칸을 만들어 새로운 철로를 깔고 있는 가진 자들의 공존이 위태로워 보이면서도 묘할 뿐이다.

중국, 한 걸음 더 들어가기

- 중국 고속철의 핵심은 지린성 창춘(吉林省 长春, 길림성 장춘)에 있는 창춘궤도객차(长春轨道客车) 공장이다. 중국 최대의 고속철 조립공장인 이곳을 한국 특파원들에게 공개한 적이 있다. 취재를 다녀온 선배가 혀를 내둘렀다. 공장이 여의도보다 면적이 큰데, 은빛 찬란한 객차를 거대한 기중기가 쉴 새 없이 옮기는 장관에 기가 죽더라는 얘기였다.
  공장의 연구원만 1,000명이 넘고 연간 매출은 5조 원이 넘는다. 그 선배는 귀국 후 '축적의 시간'을 주제로 다큐멘터리를 제작했다. 기술 축적에 필요한 시간을 넓은 내수시장과 물량으로 극복하려는 중국 기업들이 주요 취재 대상이었다.

- 중국 CCTV 방송에서 칭짱(青藏) 철도에 관한 다큐멘터리를 방송한 적이 있다. 중국 내륙에서 티베트로 가는 기차로 칭하이성(青海省)과 시짱(藏)을 연결한다고 해서 칭짱(青藏)이다. 시짱(西藏)은 티베트자치구를 말한다. 티베트의 라싸까지 기차가 들어가는데 해발고도가 평균 4,500m이고 가장 높은 지점은 5,072m나 되어서 '하늘 철도'라는 별명이 있다.
  다큐멘터리는 철도를 깔고 유지하기 위한 기술자, 노동자들의 굵은 땀방울을 보여준다. 그 거친 바람에도 흘러내리는 땀방울 속에서 철도에 대한 중국의 집념도 읽을 수 있다. 중국 정부는 그 철도에 중국의 번영에 대한 꿈을 얹어 보낸다.

대륙의 맛,
식탁에 앉아서 중국을 여행하는 법

#중국요리 #츠훠 #베이징덕 #짜장면 #훠궈

# #

베이징에서는
대륙의 모든 먹거리를 맛볼 수 있다.
미식에 관심 있는 여행객이라면
베이징 식탁을 거르지 말길 권한다.

　　　　　　　　　　대륙은 넓다. 동서로 5,200km, 남북으로 5,500km다. 서쪽으로는 신장과 티베트, 북쪽으로는 네이멍구(內蒙古, 내몽골)자치구와 헤이룽장(黑龙江, 흑룡강, 아무르강)까지다. 동쪽으로는 우리나 러시아와 접하고 남쪽으로는 또 저 멀리 윈난(云南, 운남)까지다. 이들이 한 점도 내줄 수 없다고 주장하는 남해는 더 멀리 있다. 비행기와 고속철이 있다고는 하지만 큰맘 먹어도 전부 훑어보기는 힘들다.

　하지만 베이징에 앉아서 대륙 곳곳을 누빌 수 있는 대안이 있다. 실크로드의 서쪽 끝 관문은 물론 남방 묘족이 사는 꾸이저우성(贵州, 귀주성)도 다녀올 수 있다. 대륙의 모든 먹거리가 베이징에 있기 때문이다. 식당만 잘 찾아다녀도 앉아서 22개성을 유람할 수 있다.

　중국 친구가 '중국 츠훠디투(中国吃货地图)'라는 사진을 보여줬다. 대륙 각지의 유명한 지방 음식들이 표시된 지도다. 츠훠(吃货)는 예전에는 식충이 정도 되는 안 좋은 말로 많이 썼는데, 요즘엔 먹방의 유행과 함께 먹을 것을 좋아하는 사람 정도로 많이 쓰는 단어다. 베이징에 1년간 체류하면서 얻은 낙은 이방인 츠

훠가 되어 식탁 위의 대륙을 여행하는 재미였다.

베이징에는 중국 각 성의 빤쓰추(办事处, 판사처)가 있다. 우리로 치면 지방 도청의 서울 사무소쯤 된다. 각 빤쓰추가 있는 빌딩에는 대개 그 지역의 음식을 전문으로 하는 식당이 있다. 찾기가 번거롭다면 굳이 빤쓰추까지 갈 필요도 없다. 먼 걸음을 하지 않아도 될 정도로 동네에 지방 음식점이 흔하다.

신장의 양꼬치와 충칭(중경)의 훠궈(火锅)는 베이징에서 간판이 가장 많이 보이는 식당 중 하나다. 그 지방이나 소수민족의 전통 복장을 입은 종업원들이 바삐 오가는 식당도 쉽게 볼 수 있다. 윈난, 티베트, 동북, 꾸이저우 이런 식으로 식당 앞에 지역명을 많이 붙인다.

땅덩어리가 워낙 넓으니 먹거리가 많을 수밖에 없다. 4대 요리, 8대 요리, 6대 국수 이런 식으로 나누는 것도 좋아한다. 보통 광둥(광동) 요리, 상하이(상해) 요리, 베이징(북경) 요리, 쓰촨(사천) 요리를 크게 꼽는다. 먹거리에 빠지지 않는 산둥이나 후난 사람들이 들으면 섭섭하겠지만, 이방인에게는 대략 이런 기준이 통용되는 듯하다. 중국 친구들과 동행하면 각 지방 요리에 대한 특색과 얽혀 있는 이야기를 덤으로 들을 수 있다.

광둥 요리는 '위에차이(粤菜)'라고도 부른다. 위에(粤)는 옛날 월나라. 춘추전국시대 남방에서 패권을 잡았던 나라다. 오월동주(吳越同舟)라는 사자성어에 나오는 복수심에 불타던 그 월나라다. 남방은 워낙 물자가 풍부해 해산물 등 식재료가 넘쳐난다. 신선한 재료에 간을 싱겁게 해 먹는 것이 특징이라고 하는데, 그래서인가 맑은 육수에 담백한 국수도 많다. 딤섬 같은 홍콩의 유명한 음식들도 대개 광둥 요리라고 보면 된다.

쓰촨 요리는 '촨차이(川菜)'라고 한다. 중국 생활을 어지간히 한 사람이라면 촨(川)이라는 글자만 봐도 맵다. 화지아오(花椒)라는 향신료를 쓰는데, 혀가 얼얼해지는 매운맛이 난다. 우리의 매운맛이 얼큰하고 톡 쏘는 맛이라면, 쓰촨의 매운맛은 혀를 마비시키는 통증이다. 먹으면 속 깊은 곳부터 화끈거린다. 대표적으로 마라(麻辣)라고 부르는 훠궈의 벌건 국물이 있다. 마라탕, 마라샹궈에 한번 중독되어 그 매운맛을 스스로 찾게 되면 중국 생활에 적응한 셈이다.

마파두부(麻婆豆腐), 위샹로우쓰(鱼香肉丝) 등이 우리에게도 많이 알려진 쓰촨 음식이다. 훠궈가 워낙 중국을 휩쓸고 있어, 베이징 시내에서 가장 많이 볼 수 있는 식당이 쓰촨이나 충칭 훠궈 식당이다.

상하이 요리도 있다. 상하이 요리라고는 하지만 상하이 인근 요리를 포괄한다. 중국 제일의 미식도시라는 항저우와 쑤저우는 물론 난징을 비롯한 지역의 음식을 모두 상하이 요리 전문점에서 판다.

광둥 요리와 마찬가지로 해산물을 많이 쓰는데, 특히 상하이의 게 요리는 비싼 가격에도 불구하고 제철이 되면 줄서서 먹는다. 샤오롱빠오(小笼包, 소룡포)라는 만두의 가득 찬 육즙은 한번

맛보면 절대 잊을 수가 없다. 중국의 유명 시인이었던 소동파가 즐겨 먹어서 이름도 동포어로우(东坡肉, 동파육)라는 돼지삼겹찜도 빼놓을 수 없다.

베이징 요리도 보통 4대 요리로 분류한다. 산둥 요리가 기본인데 북방 여러 민족의 맛이 더해졌다고 한다. 명나라와 청나라 두 왕조의 수도였기 때문에 궁중 요리도 발달했다. 청나라가 망한 후, 궁중의 요리사들이 민간에서 식당을 열면서 많이 알려졌다.

청나라를 세운 만주족이 한족과의 화합을 위해 먹었다는 만한취엔시(满汉全席, 만한전석)가 궁중 요리의 대표 주자다. 베이징에 오면 한번쯤은 들르게 되는 베이징 카오야(北京烤鸭, 베이징덕) 식당을 비롯해, 우리 짜장면과 늘 비교당하는 자장미엔(炸酱面)이 시내 곳곳에 있다. 밀가루 면발이 거기서 거기일 것 같은 국수도 6대니 10대니 하며 다툴 정도로 종류가 많다.

✖

KBS 다큐멘터리 〈누들로드〉가 인류 최초의 국수를 찾아 첫 촬영을 한 곳이 중국 산시성 화염산이었다. 그 산시성의 다오샤오미엔(刀削面, 도삭면)은 네모나게 각이 진 넓적한 칼로 대패처럼 면을 잘라내기로 유명한 국수다. 걸쭉하고 매콤한 양념에 돼지고기를 볶아 올린 딴딴미엔(担担面, 단단면)은 행상들이 어깨에 짊어 메고 다니며 팔았던 국수여서 짊어진다는 뜻의 딴(担)이 이름이 된 쓰촨의 음식이다.

란저우 라미엔(拉面)은 국수를 손으로 잡아 늘여서 잡아당긴 다는 뜻의 라(拉)를 썼다. 우리 라면과 착각하면 안 된다. 허난의 후이미엔(烩面, 회면)은 걸쭉하게 끓이는 조리법에서, 우한의 르깐미엔(热干面, 러간면)은 초벌로 익힌 국수를 식혀서 양념을 얹어 먹는 조리법에서 이름이 유래했다. 베이징의 자장미엔도 중국식 장과 야채를 골고루 얹어서 먹는 면이라는 뜻이다.

뭐 그렇다고 4대 요리, 6대 국수라는 기준도 모호한 분류에 얽매일 필요는 없다. 취향에 따라 골라 먹으면 그뿐이다. 같은 이름을 가진 음식이 지역에 따라 어떻게 변하는지 보는 재미를 추구해도 좋다.

특히 훠궈는 맑은 바이탕(白汤, 백탕)과 벌건 마라탕을 반씩 시켜놓고 고기와 해산물을 데쳐 먹는 음식이라고 알고 있지만, 유래에 대한 해석은 지방마다 제각각이다. 북방의 유목민족이 쓰고 다니던 투구에 물을 끓여 양고기를 데쳐 먹었다는 얘기도 그럴 듯하고, 남방의 어부들이 손질하고 남아 버리던 생선 내장을 양념을 강하게 한 국물에 데쳐 먹었다는 유래도 그럴 듯하다.

'슈안양로우(涮羊肉)'라고 쓴 훠궈집을 가면 마라탕은 없고 맑은 탕만 있는 반면, '충칭 훠궈'라는 간판을 보고 들어가면 그날 속에서 활활 타오를 불길을 감수해야 한다. 남쪽 끝자락 꾸이저우성의 묘족은 토마토를 발효시킨 시큼한 국물에 물고기를 넣어 먹는 쏸위탕(酸鱼汤)을 휘궈로 먹는다.

양꼬치도 동북의 양꼬치와 신장의 양꼬치는 같은 듯 다르다. 조금 더 두툼하게 썰어 길쭉한 쇠스랑에 꽂아 내오는 신장 위구르(新疆) 식당에 가서 난을 곁들여 먹는 것을 양꼬치의 원조로 꼽는 사람이 있는가 하면, 몽골의 양을 으뜸으로 치는 사람이 있다. 또 종류가 수백에서 수천 가지라는 딤섬 앞에서는 무엇을 먹어야 하나 잠깐 넋을 놓게 된다.

이 많은 요리를 담다 보니 식당의 메뉴판은 잡지책을 보는 것처럼 두툼하다. 넘겨가며 보는 데만도 시간이 한참 걸린다. '진딩쉬엔(金鼎轩)'이라는 유명 딤섬 식당은 메뉴판만 4종류다. 딤섬, 광둥 요리, 계절 추천 요리, 차와 음료 메뉴판이 모두 따로 있다. 약간 고급스러운 식당에 가면 현지의 식재료와 조리하는 사진이 메뉴 옆에 붙어 있는 경우도 있다. 사진이 가득한 메뉴인지 책인지 모를 것을 보느라 주문하고 기다리는 시간이 전혀 지루하지 않았다.

1년을 중국에 체류했지만 게으름 탓에 결국 신장과 티베트는 가보지 못했다. 네이멍구 초원의 별이 눈앞까지 쏟아진다는 밤하늘도, 윈난의 구불구불한 산길을 따라 걸어야 하는 차마고도(茶马古道)의 옛 흔적도 마찬가지로 찾아다니지 못했다.

막상 낯선 땅에서 이방인의 일상을 살자니 만리장성과 자금성 한번 보는 것도 혁혁대는 일이었다. 그래서 내가 선택한 차선책이 각 지역의 대표 음식을 맛보는 것이었다. 미식가도 아니고 주머니도 가벼웠지만 거르지 않고 열심히 찾아다녔다. 중국 친구를 동행으로 삼아 메뉴판을 붙들고 귀찮게 물어보는 게 나름의 중국어 공부였다. 그렇게 한 달 두 달 지나다 보니 식탁 위에서 대륙을 여행하는 맛도 나쁘지 않았다. 처음 먹을 때는 음식 자체를 먹었고, 두세 번 반복해서 먹을 때는 얽힌 이야기를 함께 맛봤다.

왜 마오쩌둥이 "매운 음식을 먹어보지 않은 사람은 혁명을 할 수 없다"고 했는지, 훠궈와 신선로, 샤브샤브는 뭐가 다르고 누가 먼저인지, 남방 사람들은 왜 시큼한 음식을 먹어야 하는지 끊임없이 귀동냥해가며 식탁 위를 떠돌았다. 돌이켜보면 따로 차비도 들지 않았고, 짐을 꾸려야 하는 번거로움도 없는 좋은 여행이었다.

> ### 중국, 한 걸음 더 들어가기
> 외국 출장에서 한식당이 없을 때는 중국식당이 요긴하다. 스위스 베른에서 한참을 들어가야 하는 시골에서 촬영을 한 적이 있다. 며칠째 먹는 바게트와 치즈에 물렸는데, 그 유럽의 한적한 시골에도 중국식당이 있었다. 한식은 아니었지만 익숙한 간장 맛에 뜨거운 국물 한 숟가락이 그렇게 반가울 수가 없었다. 미국의 사막 한가운데서도, 아프리카 르완다의 작은 도시에서도 어김없이 중국식당을 찾을 수 있었다. 지구를 탈탈 털어보면 맥도날드보다 많은 것이 중국식당일지도 모른다.

CCTV, 13억 명의
눈과 귀를 한곳으로

#CCTV #춘완 #신원롄뽀어

# #

CCTV는 13억 중국인을
하나로 묶는 일에 방점을 찍고 있다.
물론 그 방향은
당이 이끌어주는 외길이다.

베이징에 도착해 가장 먼저 알아본 것 중의 하나가 TV였다. 대개 주재원들은 집을 얻을 때 부동산에서 한국 방송이 실시간으로 나오는 TV까지 설치해주지만, 대학 기숙사에 짐을 풀었기 때문에 기대하긴 어려웠다. 도와주던 한국 학생에게 TV에 대해 묻자 석기시대 인류를 보는 듯한 눈으로 다들 노트북이나 휴대폰으로 본다고 일러준다.

한국이나 중국이나 젊은 세대가 TV 화면을 떠나는 것은 어제오늘 일이 아니다. 왜 하필 채널이 의미가 없어지고 있는 이 미디어 혁명기에 지상파 PD를 하고 있는지, 운이 있는 건지 없는 건지 알 수는 없지만, 아무튼 명색이 방송사 밥을 먹고 있는지라 베이징 유학생 모임 카페를 뒤져서 26인치 TV를 중고로 구매했다. 지하철을 갈아타고 찾아가 끙끙대며 짊어지고 왔다.

호랑이 담배 피우던 시절에야 TV만 사면 안테나로 볼 수 있었겠지만 요즈음에는 TV에 위성이며 케이블을 수신할 수 있는 셋톱박스를 달지 않으면 무용지물이기에 또 물어물어 소개를 받았다.

웬 중국 아저씨가 손바닥보다 조금 큰 조악한 플라스틱 박스를 들고 와서 뚝딱 TV에 연결해준다. 1,200위안, 우리 돈으로 20만 원 정도를 줬다. 수백 개가 넘는 채널을 평생 보는 돈인데, 비싼 건지 싼 건지 도통 모르겠다. 매월 내는 요금은 없다.

TV 화면이 밝아지고 시끄러운 소리가 나자 비로소 방에 활기가 도는 듯했다. 〈KBS 스페셜〉에서 청년들의 주거난을 다룬 다큐멘터리를 방송한 적이 있다. 비좁은 원룸에서 혼자 숨죽이며 공무원 수험서만 뒤적이던 한 청년은 고독이 싫어서 일부러 TV를 틀어둔다고 했다. 그 소음이라도 있어야 한다는 처절함까지는 아니었지만, 알아들을 수 없는 중국어로 방이 가득 차자 혼자라는 생각을 조금이나마 덜 수 있었다.

다음 날 아침부터 중국어 공부에 도움이 될까 싶어서 리모컨을 요리조리 돌리면서 낮이나 밤이나 TV를 켜놓았다. 1번부터 시작해 100번, 101번을 넘어가는 채널 번호는 중국에 수백 개, 수천 개의 방송국이 있다는 말을 실감나게 했다.

우선 CCTV부터 본다. CCTV는 중국의 국영방송으로 유일한 전국 단위 방송국이기도 하다. 우리나라 KBS가 1TV와 2TV로 나뉘는 것처럼 CCTV도 여러 개의 채널을 가지고 있는데 30개가 넘는다는 얘기를 들었다. 우리와는 사이즈가 다르다. 대륙답다. 뭔 채널이 이리 많은가 찬찬히 돌려보는데 꽤 여러 시간이 걸렸다.

CCTV1은 종합 채널이다. 우선 중국의 아침을 열고 저녁을 닫는 뉴스를 1번 채널을 통해 방송한다. 아침의 〈자오원티엔시아(朝闻天下)〉, 저녁의 〈신원롄뿌어(新闻联播)〉가 그것이다. 특히 〈신원롄뿌어〉는 대륙을 통일한 뉴스다. '롄뿌어(联播)'라는 제목 자체가 동시에 연결해서 방송한다는 뜻이다. 각 성의 위성TV를 비롯한 거의 대부분의 방송국들은 매일 저녁 7시에 CCTV의 〈신원롄뿌어〉를 동시 편성한다.

어느 채널을 틀어도 같은 화면이니 대상 시청자가 13억 명이 넘는 지구 최대의 뉴스라고 할 만한다. 보기 싫다고 밖으로 나와도 보인다. 대학 기숙사 벽에 대형 LED 전광판이 붙어 있었는데, 저녁 7시만 되면 그 커다란 화면에 어김없이 뉴스 앵커가 등장했다.

스모그인지 안개인지 잔뜩 찌푸린 어두컴컴한 저녁에 그 앞을 지날 때는 3층 높이에 설치된 커다란 화면으로 나오는 남자 앵커의 모습이 마치 조지 오웰의 『1984』에 나오는 '빅브라더'같다는 생각을 해본 적도 있다.

아마 CCTV의 목적도 상당 부분 크게 다르지는 않을 것이다. 사회주의 국가에서 언론의 위상과 존재 이유는 익히 알고 있는 바다. 〈신원롄뿌어〉도 '당과 정부의 목소리를 선전하고, 중요 사건을 전파'하는 것이 목적이라고 분명하게 천명하고 있다. 공산당의 지침을 전달하는 화면은 푸른 바탕에 자막으로 나오는데, 외국인의 눈에는 촌스럽게 보이지만, 그 자막이야말로 현재 중국을 움직이는 법이고 규범이고 규칙이 된다.

CCTV 건물은 베이징 시내 중심부에 있다. CBD 또는 '궈마오

(国贸)'라고 불리는 상업지구인데, 아찔한 높이의 초고층 빌딩이 즐비하다. 아마 베이징 여행을 해본 사람이라면 한번쯤 기억날 법한 기기묘묘한 모양의 그 건물이 CCTV 본사 건물이다.

세계적인 건축가인 렘 쿨하스의 작품이라는 말을 들어서 그런지 외관은 미술작품을 보는 듯 흡인력이 있다. 피사의 사탑처럼 기운 두 개의 축이 공중에서 뒤틀려 만나는 모양새가 뫼비우스의 띠를 보는 것 같아 수학적 상상력을 불러일으킨다. 택시를 타고 무심코 스쳐 가다가도 '어' 하면서 고개를 한번 돌리게 된다.

방송사는 보통 관광객을 상대로 한 투어 코스가 있다. KBS도 따로 견학 홀을 만들어 녹화가 진행 중인 스튜디오를 볼 수 있게 해놓았다. 뉴욕이나 도쿄에 여행을 가면 방송사 투어 티켓은 인기 있는 여행 상품 중의 하나다. 도쿄의 후지TV는 둘러보는 데 두어 시간이 거뜬히 소요될 정도로 아기자기하고 재미있었던 것이 기억에 남는다. 마지막의 기념품 상점까지 세심했다.

CCTV 역시 그럴 것이라는 추측으로 여행 책자와 인터넷을 뒤졌지만 찾지 못했다. 혹시 현장에서 신청해야 하나 싶어서 버스를 갈아타고 가보았다. 익숙지 않은 중국말을 떠듬떠듬 말하다가 험악한 표정의 경찰 비슷한 경비들로부터 박대만 당했다.

나중에 베이징 특파원 선배에게 푸념을 했더니 체포당하지 않은 것을 다행으로 여기라며 웃었다. 주요 뉴스를 하는 시간에는 스튜디오 출입문을 무장 경찰이 장전된 총을 들고 지키는 곳이라는 말을 덧붙여줬다. 우리처럼 내 귀에 도청장치가 어쩌고 하며 달려드는 것은 아예 불가능한 통제구역인 셈이다.

1번은 종합 채널이라 뉴스도 하고 드라마도 하고 음악방송도 하지만 그 외의 채널들은 나름 전문화된 편성을 표방한다. 채널 옆에 작은 자막으로 무슨 채널인지가 같이 표시되는데 2번은 경제, 3번은 예능, 4번은 국제, 5번은 스포츠 이런 식이다.

물론 2번 채널도 저녁에는 요리 프로그램도 하고 다큐멘터리도 한다. 하지만 비중은 경제 뉴스나 경제 관련 프로그램이 압도적으로 많은 식이다. 3번은 예능인데 중후 장대한 쇼를 많이 볼 수 있다. 우리의 〈열린음악회〉를 생각하면 언뜻 비슷해 보인다. 젊은이들에게 인기인 중국판 〈런닝맨〉이나 〈우리 결혼했어요〉 같은 프로그램은 CCTV에서 좀처럼 보지 못했다. 중국 대학생에게 물어보니 "라오런(老人, 노인) 채널"이라고 딱 잘라 말한다. 어째 KBS 1TV를 말하는 것 같아 뜨끔했다.

6, 7, 8번은 각각 영화, 군사, 드라마 채널이다. 군사 채널이 뭔가 싶어서 한동안 틀어놨었는데, 항일을 다룬 드라마나 영화를 많이 하는 것이 6번이나 8번과 별 차이를 느끼지 못했다.

9번은 다큐멘터리 채널이다. 다큐멘터리 PD티를 내느라 많이 보기도 했고, 느릿하고 굵은 내레이션이 그나마 몇 마디라도 귀에 들어오기 때문에 자주 봤다. 주로 BBC의 것으로 추정되는 외국 다큐멘터리를 많이 해서 꽤나 볼 만했다.

처음에는 아이들 것을 보면 중국어 공부에 도움이 될까 해서 14번 아동 채널도 자주 틀어놨었는데, 어린이 채널은 자막이 없었다. 방언이 많은 중국은 거의 대부분의 프로그램에 자막이 같이 나온다. 말은 지역마다 달라도 글자는 같으니 자막을 보면서 내용을 이해한다. 그래서 쉬울 것 같아 어린이 채널의 만화를 아침마다 틀었었는데, 아이들은 아직 글자를 몰라서 그런지 자막을 볼 수 없어 내게는 더 어려웠다.

10번은 과학 채널이고, 12번은 사회법률, 13번은 24시간 뉴스, 15번은 음악 채널이다. 특이한 것은 11번이다. 경극 전문 채널이라는데, 당과 정부의 지침을 충실히 수행하면서 동시에 전통문화 또한 보존 유지해야 한다는 중앙 방송국 특유의 소명 의식을 보는 듯했다. 이것은 우리나라 공영방송인 KBS도 마찬가지다. 국악관현악단을 운영하고 〈국악한마당〉이라는 정규 프로그램을 방송한다.

16번 이후는 영어, 불어 스페인어 등 여러 언어로 된 뉴스 채널이다. 아랍어도 있고 3D 채널도 테스트용으로 있다. 공식적으로는 22개 채널이라고 하는데 설치한 셋톱박스를 통해서는 CCTV중학생, CCTV세계여행, CCTV증권 등 숫자 없이 이름을 가진 CCTV 채널들도 십여 개가 더 나왔다. 각 성의 위성 TV들은 50번 이후라서 CCTV만 돌려 보다가 지칠 만도 하다.

✖

채널이 워낙 많아 드라마나 예능 프로그램 시청률이 1%만 넘어도 대박으로 여기는 나라. 그런 중국에서 30%를 넘나드는 시청률을 기록하는 단 하나의 방송이 있다. 바로 〈춘지에롄환완후이(春节联欢晚会)〉다. 보통 '춘완'이라고 한다.

춘지에, 즉 설날이 되면 새해를 맞으며 중국인들은 3가지를 한다. 지아오즈(饺子)를 먹고, 폭죽을 터뜨리고, 〈춘완〉을 보는 것이다. 섣달그믐이 되면 온 가족이 모여 NHK의 〈홍백가합전〉을 보는 일본과 비슷하다. 방송사의 경쟁이 치열한 일본에서도 〈홍백가합전〉의 시청률은 아직도 40%가 넘는다. 우리 역시 보신각 종치는 소리를 들어야 1년을 보내고 새해를 맞는 것 같긴 하다.

〈춘완〉이 재밌는지 중국 학생 다섯 명에게 물어봤는데 모두 재미없다고 했다. 그런데 왜 보느냐고 물었더니 중국인의 습관이란다. 다른 프로그램을 보고 싶어도 〈춘완〉만 한다고 했다. 어른들이 모두 〈춘완〉을 봐서 어쩔 수 없다는 대답도 있었다.

〈춘완〉 역시 〈신원롄뽀어〉처럼 모든 채널이 동시에 방송한다. 2015년 중국 포털 사이트 텅쉰왕(腾讯网) 보도에 따르면 〈춘완〉은 189개 채널에서 방송됐고 6억 9,000만 명의 중국인이 시청했다. 시청률은 28%였다. 1억 4,000만 명은 인터넷으로 방송을 본 것으로 집계됐다.

〈춘완〉은 종합 버라이어티쇼로 음악 공연도 있고 단막극도 있다. 서커스 비슷한 공연도 있고 눈물겨운 휴먼 다큐멘터리도 있다. 4시간 반에 걸친 종합예술극인데, 준비는 반년을 넘게 한다.

춘완을 준비하는 과정을 다룬 다큐멘터리를 본 적이 있다. 〈춘완〉에 출연하기 위해 거의 1년간 매일 연습을 거듭하는 학생들의 굵은 땀방울과 단 한번 〈춘완〉에 출연한 빛바랜 사진을 고이 간직하고 있던 한 노인의 주름이 클로즈업 될 때, 중국인에게 〈춘완〉이 갖는 의미는 정점을 찍는다. 2016년에는 항일전쟁 때 팔다리를 잃은 100세 노병이 무대에 올라 거수경례를 하는 장면이 있었다. 7억에 가까운 시청자들이 새해를 그렇게 맞는다.

〈신원롄뿌어〉와 〈춘완〉은 CCTV가 왜 존재하는지 그 이유를 잘 설명해준다. 개별 채널을 늘려 세분화된 콘텐츠를 제공하거나, 아랍어, 스페인어 방송까지 하면서 국제적인 감각을 뽐내는 일도 중요시하지만, 그 무엇보다도 CCTV는 13억 중국인을 하나로 묶는 일에 방점을 찍고 있다. 그 방향은 물론 당이 이끌어주는 외길이다. 그 어떤 곁가지도 허용하지 않는다.

당메이싱당(党媒姓党), 즉 '당의 매체는 성씨가 당이다'라는 구호 아래 언론이 아닌 선전의 길을 가는 것이 CCTV의 핵심이다. 그렇게 봐야 〈춘완〉의 주제가 시진핑이 제시한 구호인 '중국몽'인 것이 이해가 된다. 반부패 다큐멘터리 시리즈가 제작되고, 당의 지침을 자막으로 한 자 한 자 옮길 정도로 중시하는 것이 이해가 된다.

멀리서 보면 기념비적인 건축물이지만 가까이 가면 사람 키의 두 배는 되어 보이는 높이의 철망과 무장경비들로 굳게 걸어 잠긴 CCTV. 그 육중한 문이 언제쯤 열릴지, 그날이 온다면 중국엔 어떤 변화가 생길지가 궁금하다.

중국, 한 걸음 더 들어가기

2016년, 시진핑 주석은 《인민일보》와 신화통신 그리고 CCTV, 3대 관영 매체를 방문했다. "당과 정부가 주관하는 매체는 성씨도 당이어야 한다"는 발언도 이때 나왔다. 뉴스를 방송하는 스튜디오에 들렀을 때, 화면에 "CCTV의 성(姓)은 당(党). 절대 충성. 시찰을 청합니다"라는 자막이 나와 세간에 화제가 됐다.

당시 충성서약을 주도한 녜천시 CCTV 사장은 몇 개월 후에 중국의 신문, 방송 등 미디어 정책을 총괄하는 광전총국의 수장으로 자리를 옮겼다. '중국의 기자들은 무엇으로 사는가'라는 말이 떠올랐다.

PART 3

마오쩌둥과 시진핑 사이,
대륙의 꿈은
실현될 것인가

마오쩌둥,
21세기 중국인들의 애증

#마오쩌둥 #천안문 #문화대혁명 #홍웨이삥 #백사람의십년

# #

천안문에는 마오쩌둥의 대형 초상화 양 옆으로
'중화인민공화국만세', '세계인민대단결만세' 라는
큼직한 글귀가 붙어 있다.
1949년 개국한 사회주의 신중국의 상징이다.

우연히 지갑이 꽉 찼다. 100위안부터 1위안까지 모두 다른 색의 지폐들로 두툼해졌다. 버스 안이었는데 달리 할 일도 없고, 한 장 한 장 꺼내 살펴봤다. 그제야 지폐의 뒷면은 모두 다른 그림이었는데, 앞면은 단 한 사람, 마오쩌둥이란 것을 알았다.

100위안은 우리 돈으로 1만 7,000원 안팎의 고액권이다. 100위안보다 큰 지폐는 없다. 중국을 상징하는 붉은색이다. 크기도 당연 제일 크다. 50위안은 청록색, 20위안은 갈색, 10위안은 청색, 5위안은 보라색, 1위안은 녹색이다.

뒷면의 풍경화 역시 베이징의 인민대회당, 티베트의 포털라궁, 장강삼협(長江三峽), 항저우의 서호(西湖) 등으로 모두 다르다. 크기도 색깔도 뒷면의 풍경도 모두 다름에도 불구하고 앞면은 오로지 '그분'이라는 것이 새삼 신기했다. 위안화를 아예 마오쩌둥의 성을 따서 '마오비(毛币)'라고 부르는 사람도 있다니 그 상징성을 알 만하다.

우리 지폐에는 세종대왕도 있고 신사임당도 있다. 달러 역시 마찬가지로 링컨도 있고 워싱턴도 있다. 주로 나라를 상징하는 위인들이 지폐에 있다고 알고 있었는데, 중국 지폐는 처음부터 끝까지 마오쩌둥이었다.

사실 이런 나라가 더러 있긴 하다. 인도 루피는 10루피부터 1,000루피까지 지폐 앞면이 모두 인도의 국부 마하트마 간디의 초상이라고 한다. 마오쩌둥이나 간디가 그 나라의 역사에서 차지하는 비중을 보여주는 것 같기도 하고, 제국주의 열강과 식민을 극복한 자부심의 표현 같기도 하다.

우리도 만약 임시정부 주도 하에 단일 정부가 들어섰으면 1,000원부터 5만 원까지 모두 백범의 초상화로 채워졌을까 하는 생각을 잠시 했다. 여하튼 아직까지 대륙의 '단 한 사람'으로 존재하고 있는 그는 바로 마오쩌둥이다.

지폐 속 마오쩌둥 초상이 엄청난 크기로 확대되어 걸려 있는 곳이 있다. 단연 베이징의 중심인 천안문이다. 자금성의 남쪽 관문이기도 하지만 천안문 앞의 광대한 광장이야말로 보는 사람을 압도하는 기운이 있다. 마오쩌둥 어록을 손에 든 채 그 광장을 가득 메운 백만 홍웨이삥(紅卫兵, 홍위병)은 문화대혁명의 상징이었다. 수십 년이 흘러 민주화를 요구하는 대학생들을 탱크로 깔아뭉개며 사회주의 중국을 수호한 최전선도 바로 천안문 광장이었다.

천안문 앞에 넓게 펼쳐진 광장의 좌우로는 인민대회당과 국립박물관이 있다. 그리고 가로질러 맞은편에는 마오쩌둥의 시신이 안치된 마오쩌둥 기념관이 있다. 마오쩌둥 기념관을 정면으로 보는 천안문 망루에 마오쩌둥의 초상화가 걸려 있다. '중화인민공화국만세', '세계인민대단결만세'라고 크게 쓰인 문구를 양 옆에 둔 마오쩌둥의 초상화는 자신의 시신이 안치된 기념관을 바라보면서 광장을 앞뒤로 둘러싸고 있는 셈이다.

✖

중국 역사에 조금이라도 관심이 있는 사람이라면 기억에 있을 법한 사진도 바로 천안문에서 찍힌 것이다. 1949년 10월 1일, 장제스의 국민당 군을 타이완으로 몰아내고 대륙에 공산당의 깃발을 꽂는데 성공한 마오쩌둥이 스탠드 마이크 앞에서 사회주의 신중국의 설립을 선포하던 그 유명한 사진 말이다.

중화인민공화국의 시작을 만방에 알린 사람, 하지만 그는 동시에 중국인과 우리를 비롯한 전 세계인들에게 '문화대혁명'이라는 말로도 기억되고 있다. 문화대혁명에 대한 평가는 제각각이다. 하지만 그 광기에 비견될 정도의 집단 열정에 너무도 많은 개인이 희생당한 것은 부정할 수 없는 사실이다.

『백 사람의 십 년(一百個人的十年)』이라는 책이 있다. 1966년 5월 베이징대에 붙은 대자보 한 장과 그해 8월 천안문 광장에 집결한 백만 명의 홍위병들로부터 시작, 1976년 마오쩌둥의 죽음과 사인방(장칭, 왕훙원, 장춘차오, 야오원위안)의 체포로 막이 내린 문화대혁명은 10년간 대륙을 공포로 몰아넣었다.

그 기간 중국 정부의 공식 발표만 해도 3만 4,800명이 죽고 70만 명 이상이 박해를 받았다. 국가 주석이었던 류사오치는 자신의 집에서 가사일을 봐주던 복무원들에게 매 맞고 희롱당했다. 그는 만신창이가 된 채로 축출되어 지방 도시의 시멘트 감옥에서 쓸쓸히 죽었다. 그의 아내인 퍼스트레이디 왕광메이는 탁구공으로 만든 목걸이를 강제로 쓰고 군중대회에 불려 나와 모욕을 당해야 했다.

덩샤오핑의 아들이 홍위병을 피해 건물에서 뛰어내리자 병원에서 치료를 거부해 장애인이 된 것도, 시진핑이 농촌으로 이른바 '하방(下放, 지식인이나 관료를 농촌이나 노동현장으로 보내는 일)' 당해 토굴을 파고 벼룩에 시달리며 청소년기를 보낸 것도 전 중국인에게 문화대혁명이 예외 없었음을 말한다.

『백 사람의 십 년』은 우리가 알고 있는 권력자들의 문화대혁명이 아닌 일반 시민들의 문화대혁명 체험, 아니 문화대혁명으로 인해 풍비박산된 가족과 개인의 이야기다. 평범한 중국인들이 어느 날 갑자기 가족이었고 친구였고 제자였던 홍위병들에게 타도의 대상이 됐다. 자녀가 부모를 고발하고 제자가 선생을 광장으로 끌고 나와 욕설을 퍼부으며 몽둥이를 휘두르던 시대를 겪은 평범한 개인들의 구술은 어떤 드라마나 소설보다도 비극적이다.

책에는 자신의 손으로 아버지를 죽였다는 한 여의사의 고백이 나온다. 아버지가 자본가로 몰리자 중학생 수십 명이 그녀의 집으로 몰려왔다. 홍위병이었다. 마오쩌둥 사상에 반대하는 자로 몰리면 바로 홍위병들이 나타났다. 집 안으로 뛰어 들어온 홍위병들은 가재도구를 모두 부수고 가족들을 끌어내 그들만의 재판을 열었다. 가족은 서로를 고발해야 했고, 말을 더듬대면 남녀를 가리지 않고 매질이 이어졌다.

당시 홍위병의 기세는 공권력과 조폭을 섞어놓은 모습이었을 것이다. 방 안에 갇혀 몽둥이와 가죽 허리띠로 두들겨 맞기를 사흘, 아무것도 먹지 못하고 극한의 공포감에 사로잡힌 딸은 결국 아버지의 동맥을 끊어버린다. 부모도 차라리 고통을 빨리 잊자며 딸에게 손목을 내밀었다. 뒤늦게 알아채고 방으로 들이닥친 오빠를 피해 그녀는 3층에서 뛰어내렸다. 아버지는 즉사했고, 어머니는 치료를 받지 못해 얼마 후에 병사했다.

부모의 손목을 그은 그녀는 문화대혁명에 저항해 살인을 저지른 죄로 12년을 감옥에서 보내야 했다. 문화대혁명이 끝나고도 한참이 지난 후에야 출옥한 그녀의 질문으로 이야기는 마무리된다. "나는 아버지를 해친 걸까요, 구한 걸까요?"

자신의 손으로 열어젖힌 사회주의 신중국이 자신의 뜻과는 다른 방향으로 나아갈 기미를 보이자 마오쩌둥은 두 번째 투쟁을 시작했다. 대륙은 극도의 혼란이었다. 홍위병을 비롯한 맹목적인 대중과 인민해방군을 동원한 문화대혁명은 셀 수 없는 인민들과 심지어 혁명 동지들마저 죽음으로 몰아넣었다. 마오쩌둥과 문화대혁명의 그림자는 현재 13억 중국인의 지도자인 시진핑부터 중국 변방 허름한 농촌의 이름 없는 촌부에 이르기까지 모두에게 깊은 상처다.

중국 친구와 문화대혁명 얘기를 한 적이 있다. 문화대혁명이 한창일 때 코흘리개 어린아이였다고 했다. 삼촌이 도박을 좋아했는데 문제가 있었다고 했다. 대여섯 살의 기억은 온통 집 주위에 몰려온 홍위병들의 타도하자는 고함 소리밖에 없으며 부모가 자신을 벽장에 숨긴 것이 기억난다고 했다. 입꼬리는 피식 웃고 있었지만 얼굴은 웃지 않았다.

지금도 문화대혁명에 대한 평가는 일종의 금기다. 문화대혁명 개시 50주년을 맞은 2016년 5월, 중국 공산당 기관지인《인민일보》는 하루가 지나서야 고민의 흔적이 보이는 짧막한 논평을 냈다. "문화대혁명과 같은 역사적 과오가 절대로 다시 일어나서는 안 된다"

문화대혁명에 대한 중국의 공식적인 입장은 공산당이 1981년 제11기 6중 전회에서 채택한 '건국 이후 발생한 당의 일부 역사적 문제에 관한 결의'가 처음이자 끝이다. 덩샤오핑의 주도로 채택된 이 결의는 '문화대혁명은 지도자인 마오쩌둥의 착오로 일어났으며, 반혁명 집단인 사인방과 린뱌오 등에게 이용돼 엄중한 재난을 가져온 내란'이라고 규정했다. 이후로 문화대혁명에 대한 그 어떤 공식적인 연구나 정치적 언급도 공개적으로는 찾아보기가 힘들다.

그리고 같은 해 덩샤오핑은 마오쩌둥을 언급하며 그에 대한 평가도 마무리를 지었다. "마오쩌둥 개인과 중국공산당 지도 이념으로서의 '마오쩌둥 사상'은 구별해야 하며, 마오의 공은 70%, 과오는 30%다"라는 유명한 결론이 그것이다.

이 1981년의 평가를 끝으로 마오쩌둥은 중국인과 함께 계속 가고 있다. 탄생 몇 주년, 사망 몇 주년이 되면 어김없이 마오에 대한 추모의 열기는 대륙을 뒤덮는다. 베이징의 유명한 관광지에서 흔하게 볼 수 있는 것은 마오의 청동 조각상과 마오가 인쇄되어 있는 가방, 모자 따위의 기념품이다. 베이징의 큰 서점들 1층 한쪽은 어김없이 마오의 어록과 그의 사상 선집, 흉상들로 채워져 있다.

지갑 속을 가득 채운 각 종의 지폐들이 남다르게 보이는 것도 이 때문이다. 중국인들에게 그는 분명 사회주의 신중국의 깃발을 세운 건국의 아버지인 동시에 문화대혁명의 아픔이라는 낙인을 남긴 전대미문의 권력자였다.

살아서 황제였던 그는 죽어서도 여전히 천안문 광장을 굽어보며 모든 지폐 앞면에 얼굴을 남겨놓았다. 우연히 열어본 지갑에서 그가 대단한 것인지, 그를 안고 가는 중국인들이 대단한 것인지가 궁금해졌다.

중국, 한 걸음 더 들어가기

- 버스를 타고 중국의 대학로인 우따오코우를 지나다 보면 몇몇 대학의 정문 뒤로 어김없이 우뚝 솟은 마오쩌둥의 동상이 보인다. 아직 많은 지방 도시의 기차역 광장에도 마오의 동상은 위풍당당하다. 단둥(丹东, 단동)역에 있는 마오쩌둥의 동상은 손을 펴고 있는데, 택시기사가 택시비가 5위안(단둥은 기본요금이 5위안)이라고 말해주는 거라며 농담을 했다.

- 마오쩌둥에 대한 중국인들의 생각을 알 수 있는 여론조사가 있었다. 《인민일보》의 자매지인 《환구시보(环球时报)》는 2013년 마오쩌둥 탄생 120주년을 맞아 여론조사를 실시했다. 우선 '마오쩌둥의 공이 과보다 크다고 생각하느냐'는 질문에 응답자의 78.3%가 '동의한다'고 답했다. 57.2%는 '경모한다', 34.3%는 '존중한다'고 대답해 91.5%라는 압도적인 수치로 존경의 뜻을 나타냈다.
'마오쩌둥의 시대가 현재 중국에 영향을 미친다고 생각하느냐'는 질문에는 90.9%가 '영향을 미친다'고 답했다. 주목할 만한 것은 18~29세의 젊은이들이 96.1%로 비율로 '영향을 미친다'고 답했다는 점이다.

남방과 북방,
남방의 귤을 북방에 심으면 탱자가 된다

#남방 #북방 #푸통화 #광둥화

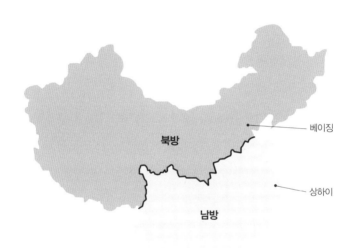

베이징

상하이

북방

남방

# #

중국의 넓은 대륙은
장강을 경계로 남방과 북방으로 나뉜다.
중국인들 스스로 남방인과 북방인은
기질과 문화, 성격 등에서 다른 점이 많다고 말한다.

강의 중에 '샤오치(小气)'라는 단어가 나왔다. 인색하다, 쩨쩨하다는 뜻이다. 교수가 씩 웃으며 베이징 사람들이 남방 사람들을 저렇게 생각한다고 했다. 특히 상하이 사람들을 그렇게 말한다고 덧붙인다.

그러면 상하이 사람들은 베이징 사람들을 어찌 생각할까 궁금했다. 거꾸로 물었더니 역시 씩 웃는다. "가진 것 없이 허세만 가득 찼다"고 말한다. 서로를 돈만 알거나 허풍만 떤다고 싫어한다는 얘기였다. 중국에도 지역감정이 있구나 싶었다. 우리가 영남과 호남의 동서 갈등이라면 중국은 북방과 남방의 남북 갈등이다.

중국은 주지하다시피 큰 나라다. '지대물박(地大物博)'이라는 말이 있다. 땅은 크고 생산물이 풍부하다는 뜻이다. 북방의 하얼빈이 영하 20~30도의 바람에 몸이 얼어들어갈 때, 남방의 하이난 섬에서는 비키니를 입고 더위를 피한다. 우리 동포들이 많이 사는 동쪽 옌볜과 낙타가 다니는 서쪽 신장 위구르는 도무지 닮은 구석이 없다.

지금의 국경을 확정하기 전에는 서로 다른 나라였던 곳도 있다. 티베트와 신장이 대표적이다. 이러다 보니 지역에 따른 문화의 차이는 당연하다. 일반적으로 중국인들 스스로 그 경계를 장강(长江)에 두고 남방과 북방으로 나눈다. 남쪽은 어떻고 북쪽은 어떻다는 식으로 표현을 한다. 그중 몇을 뜯어본다.

먼저 사람의 생김새다. '난아이베이까오(南矮北高)', 남방 사람은 작고 북방 사람은 크다는 뜻이다. 실제 동북 남자의 키가 평균 1.73m인데, 남방에 있는 윈난과 꾸이저우, 쓰촨 남자의 평균 키는 1.65m라는 자료가 있다. 또 '난쇼우베이팡(南瘦北胖)'은 남방 사람은 마르고 북방 사람은 살쪘다는 뜻이다. 실제 이 단어를 바이두에 검색해보면 동북3성(헤이룽장성, 지린성, 랴오닝성)의 비만 문제에 대한 기사들이 주르륵 뜬다. 이유로는 기후를 꼽는다. 초원, 고원, 찬바람이 있는 곳에 살수록 기골이 장대하고 추위에 견디기 위해 살이 찐다는 얘기다.

물론 개인마다 다르고, '어디 사람이 이렇다'고 일반화시키는 것의 허구를 과학적으로 따질 수도 있다. 하지만 선입견이 들어간 비하가 아니고 통용된 얘기라면 알아둘 필요는 있다고 본다.

먹는 것도 다르다. 남방은 쌀을 먹고 북방은 밀을 먹는다는 뜻의 '난메이베이미엔(南米北面)'이라는 말이 있다. 물이 풍부하고 기후가 따뜻한 남방은 2모작을 하는 곳이 많고 3모작도 가능해서 쌀 생산량이 많다. 태국 같은 동남아와 비슷하다.

하지만 우리 입맛에 맞는 쌀은 동북 쌀이다. 실제 일본이 만주를 침략하면서 벼농사에 능숙한 조선인들을 집단 이주시킨 이후, 동북 쌀은 중국에서도 맛있는 쌀로 이름을 얻었다. 척박한 땅을 일궈 쌀을 수확한 우리 선대들을 비롯한 북방 사람들의 고생과는 달리, 남방은 씨만 뿌리면 무럭무럭 자라는 것은 확실하다.

남방의 풍요는 음식 문화의 발전으로 이어진다. 청나라 때 대륙 전역의 요리를 정리해 산둥·쓰촨·광둥·후난·저장·안후이·푸젠·장쑤의 8대 요리로 나눴다. 이 중 산둥을 제외한 7곳이 남방이다. 산둥 요리에 북방의 맛을 더한 베이징 요리를 꼽기도 하지만 맛의 고장은 남방이다.

먹는 방식도 서로 다르다. 북방 사람인 중국 친구가 얘기해준 적이 있는데 북방 사람들이 남쪽을 여행할 때 식당에서 당황하는 경우가 종종 있다고 했다. 북방은 먹을 것을 다 먹고 탕을 먹는 반면, 남방은 탕을 먼저 먹는다. 모르면 서로 '이건 뭐지'라는 의문을 가질 만하다.

말과 풍습이 다르다는 말도 있다. '난판베이치(南繁北齐)', 남방은 번잡한데, 북방은 가지런하다는 뜻이다. 북방은 한참을 달려도 야산 하나 보이지 않는 끝도 없는 평지가 많다. 반면 남방은 산과 강으로 뱀처럼 구불거린다. 말과 풍습은 강을 건너고 산을 넘으면 달라진다. '싀리뿌통인(十里不同音, 십리부동음)'이란 밀이 있다. 남방에서는 10리만 가도 말이 다르다는 뜻이다.

'난라오베이쿵(南老北孔)'은 사상에 대한 차이다. 남방은 노자의 도가를, 북방은 공자의 유가를 중시한다는 뜻이다. 노자는 남방, 초나라 사람이다. 공자는 북방 산동, 노나라 사람이다. 그들을 출신지로 가르는 것은 아니다. 남방은 태어난 곳에서 죽는 사람이 많을 정도로 별 걱정 없이 풍족한 지역이 많았지만, 북방은 살기 위해 싸워야 하는 곳이 많았다. 자연과 싸우고 사람과 싸워야 했다. 물 흐르듯 살자는 도가와 규율과 절제가 강조되는 유가의 차이와 비슷한 구석이 있다.

공자 역시 남방과 북방의 차이에 대해 언급했었다. "남방의 강함은 너그럽고 부드럽게 가르치는 것인데 비해, 북방의 강함은 무기와 갑옷을 깔아야 한다." 비슷한 말로 '난로우베이깡(南柔北剛)'이 있다. 남방에는 '부드럽다'라는 말을, 북방에는 '강하다'라는 말을 쓴다.

✖

현대에 들어와서도 차이는 계속된다. 남방은 덩샤오핑이 개혁개방의 실험지로 선택한 곳이다. 장강 이남이 세계의 공장이 됐다. 세계가 필요로 하는 소비재를 값싸게 생산해냈다. 못 만드는 생필품을 찾아볼 수가 없었다. 전자산업이 급속도로 발전했다.

반면 북방은 자원이 풍부해 석유를 펌프질하고 노천광에서 석탄을 긁어냈다. 쇳물을 부어 철을 만들고 그 철로 배를 건조해 바다에 띄웠다. 남방은 개인이 일군 부가 많다면, 북방은 국

영기업들이 엄청난 몸집으로 부를 불렸다. '난칭베이쭝(南輕北重, 남방은 경공업, 북방은 중공업)'이다.

중국인들 스스로 남북의 차이에 대한 글을 많이 남겼다. 중국의 석학 린위탕(임어당)이 대표적이다. 그는 '나의 국토, 나의 국민'이라는 글에서 북방 중국인과 남방 중국인의 차이를 분석했다. 북방은 몸집이 크고 건장하며 소박하다고 했다. 남방은 신체보다 정신 우선인데, 처세술에 능하고 안락한 것을 추구한다고 했다.

『도시의 계절풍, 베이징과 상하이의 문화정신(城市季風-北京和上海的文化精神)』이라는 책은 북방을 대표하는 베이징과 남방을 대표하는 상하이를 키워드로 남북을 파헤쳤다. 저자인 양둥핑은 베이징에선 연줄로, 상하이에선 계산으로 승부해야 한다고 결론낸다.

'난징베이쩡(南經北政)', 남방은 경제를 중시하고 북방은 정치가 우선이다. 정치 수도와 경제 수도가 다르다. 좋게 말하면 세심한 것과 호방한 것으로 서로를 추켜올릴 수도 있지만, 돌아서면 깍쟁이와 허세로 상대방을 깎아내리는 이유다.

차이를 다룬 말은 이외에도 많다. 하지만 차이만큼이나 이들이 중시하는 것은 하나의 중국이다. 남북이 함께 갈 때 중국이 번영한다는 글을 읽은 적이 있다. 중국이 수·당시대에 꾸준히 건설한 대운하를 예로 들었다. 남방의 물을 끌어다 북방의 평원에 대는, 만리장성에 뒤지지 않는 대역사였다. 대운하가 남방과 북방을 하나로 묶는 역할을 했고, 이를 배경으로 중국의 국력이 당시 세계 최대였다는 분석이었다.

시진핑이 꿈꾸는 '중국몽'과 중화민족의 부흥이 이때를 목표로 한다. 중국의 위정자들이 모르지 않을 것이다. 국가 전략의 목표도 거기에 맞췄다. 남방과 북방의 수로를 정비하고 거미줄 같은 고속철로 묶고 있는 사회주의 신중국도 분명 그 바탕 위에 설계했을 것이다.

중국, 한 걸음 더 들어가기

- 중국어 배울 때 많이 들었던 단어가 '베이팡런(北方人)', '난팡런(南方人)'이다. 더듬더듬 중국어를 말하면 못 알아듣는 현지인들이 혹시 난팡런이냐고 묻는 경우가 종종 있었다. 중국어 같긴 한데 발음도 성조도 이상하니 그렇게 짐작한다.
  남방 사람들이 쓰는 광둥화(广东话, 광둥어)는 완전 다른 언어다. 중국 표준어인 푸통화(普通话, 보통어)를 말하지 못하는 사람을 대략 4억 명으로 보는데, 거의 남방 사람들이다. 북방 사람들 역시 남방에 가면 다른 나라에 온 것 같다고 말하는 이유가 광둥화를 못 알아듣기 때문이다.

- 남방과 북방을 가르는 경계는 장강이다. 겨울이 되면 차이가 확실해진다. 국가가 중앙난방을 공급하는 중국에서 장강 이남은 난방을 하지 않는다. 그러다 보니 되레 겨울에 남방을 가면 실내가 으슬으슬 더 추운 웃지 못할 일도 일어난다.
  장강을 우리는 흔히 양자강으로 부르지만 양자강은 장강 중에서 양주 지방을 흐르는 일부 구간을 말한다. 서양 선교사들에 의해 양자강으로 알려진 것이 세계에 퍼졌다고 한다. 중국 사람들은 거의 창장(长江, 장강)이라고 말한다.

소수민족,
55개의 소수민족과 하나의 한족

#소수민족 #티베트 #신장위구르 #한족

# #

중국에는 수백 개의 민족이 있다.
공식적으로는 한족을 포함해 56개 민족으로 구분한다.
민족단결이 우선시되고
민족분열은 엄격히 금한다.

중국은 56개의 민족으로 구성된 다민족 국가다. 물론 일반적으로 중국인을 말하는 한족(汉族)이 10명 중 9명으로 절대 다수이긴 하다. 하지만 나머지 55개 민족도 모두 합치면 1억 명이 넘는다. 전체 인구의 8%를 약간 넘는다는 통계가 있다. 중국 전체 땅덩어리의 64%가 소수민족의 영토로 거주 지역으로 따지면 이들이 다수다.

고개를 갸우뚱거리는 사람은 중국 지도를 찬찬히 들여다보면 이해가 될 듯하다. 중국 서부의 광대한 신장 위구르와 티베트만 떼도 중국 영토는 순식간에 쪼그라든다. 물론 이들 지역은 말 그대로 척박한 땅이라 인구 밀도가 중국 동부에 비할 것은 아니다. 하지만 땅의 크기는 압도적이다. 북쪽의 네이멍구 지역도 있고 윈난성과 꾸이저우성 인근의 소수민족 자치구까지 하면 전체 영토의 6할 이상이 소수민족의 영토라는 것에 고개를 끄덕이게 된다.

사실 청나라 이전의 중국을 생각해보면 더 확실해진다. 많은 역사서나 무협소설에서 '중원'이라고 일컬어지던 중국의 터전을 벗어나면 변방의 그 광활한 영토는 항상 다른 민족, 다른 국가의 땅이었다. 만주족이 세운 청나라의 정복욕이 오늘의 다민족 국가 중국을 만든 것이다.

좀 더 세분하면 400개가 넘는 민족이 있다고는 하지만, 사회주의 신중국이 나름대로 분류해 56개 민족(한족 포함)으로 나눴다. 신분증에는 민족을 기재한다. 가장 인구가 많은 소수민족으로는 장족(壯族)을 꼽고, 200만에 육박하는 조선족(朝鮮族)도 인구가 많은 소수민족으로 쳐준다.

그 많은 소수민족을 한번에 볼 수 있는 일종의 민속촌이 도심한가운데 있다. 내 숙소가 있는 정법대 근처였다. 고층빌딩 사이로 옛 수상가옥들이 보였다. 중화민족원(中华民族园), 중화민족박물원이라고도 한다.

높은 벽으로 둘러싸인 넓은 부지에 각 소수민족의 마을을 재현해놨다. 고유의 전통가옥이 실제 크기로 세워져 있고, 풍속과 신앙, 습관 등을 전시하고 있다. 각 마을에서는 고유의 춤도 추고 노래도 하면서 기념품도 파니까 일종의 문화 테마파크라고 할 수 있다. 호기심에 찾아가봤는데, 입장료가 싸지 않았다. 90위안(약 1만 5,000원)의 입장료를 지불하니 지도를 줬는데 자칫 길을 잃어 고생할 수도 있을 정도로 넓다는 느낌이 들었다.

얼마쯤 걷자 몽골족 고유의 텐트 가옥인 게르(ger)가 보였다. 마침 공연 시간이었는지 몽골 전통의상을 입은 여자와 남자가 번갈아 나와 노래를 했다. 전통악기를 연주하는 어린 여성의 앳된 표정이 눈에 들어왔다. 초원의 노래였을 것이다. 게르 옆에는 몽골 전통의상을 입고 사진을 찍을 수 있게 해놓았는데, 물론 돈을 지불해야 했다. 몽골 전통차와 술, 기념품도 매대를 차려놓고 팔고 있었다. 대개는 이런 식으로 구성되어 있어 서너 개 마을을 들르자 그 비슷비슷함에 피곤이 몰려왔다.

조금 걷자 '투지아주(土家族, 토가족)'라는 팻말이 꽂혀 있었다. 토가족 학생을 만난 적이 있었다. 짓궂은 마음에 놀려 먹으려고 "너희 민족은 독립을 생각하지 않냐"고 물어봤는데 너무 당연하다는 듯이 "생각해본 적이 없다"고 답했다. 중국 정부에서 토가족에 대한 '안푸(安抚)'를 잘 해준다는 말이었다.

안푸는 위로나 배려쯤으로 번역하면 적당한 단어다. 실제로 이 학생은 소수민족에 대한 배려 덕에 점수가 약간 부족한데도 베이징에 있는 대학에 진학할 수 있었다. 매월 약간의 돈도 보조해준다. 소수민족이라는 이유로 정부의 덕을 본다는 말이 틀린 말은 아니다.

✖

중국이 소수민족 문제로 골치를 앓고 있다는 말은 대체로 서쪽이나 북방의 일이었다. 윈난, 꾸이저우 같은 남방의 소수민족 때문에 분쟁이 있다는 말은 좀처럼 들어본 적이 없다.

꾸이저우만 해도 '3리만 나가면 다른 풍속을 볼 수 있고, 5리만 나가도 풍습이 다르고, 큰 축제는 한 달에 여러 번 있으며, 작은 명절은 매일매일 있다'고 할 정도로 소수민족이 밀집해 있는데, 그 많은 묘족·이족·수족·토가족·백족 등이 뉴스의 사회면을 장식한 일은 본 적이 없다. 토가족 학생 역시 자신들은 문자도 없고 생김새도 한족과 다르지 않지만 티베트나 신장과는 다르다고 말했다.

신장과 티베트에 대한 이야기는 문화면이라기보다는 사회면이다. 일단 역사가 가혹하다. 중국 인민해방군이 1951년 티베트에 진주하면서 달라이 라마는 인도에 망명정부를 세웠다. 신장 역시 마찬가지다. 동투르키스탄이라는 독립국가를 인정하지 않은 중국 인민해방군의 군홧발에 신장의 위구르인들 역시 중국인이 됐다. 결과는 갈등이었다.

독립을 요구하는 반정부 시위가 있을 때마다 몇만 명의 희생도 불사하는 중국 정부의 진압이 이어졌다. 1959년 3월 10일, 티베트인들의 대규모 봉기로 10만여 명(티베트 측 주장)에 가까운 사람들이 죽었다. 봉기는 역사가 아닌 현재진행형이다.

2008년 티베트에서, 2009년 신장에서 반정부 시위가 재발했다. 라마교 승려들의 분신과 위구르인들의 테러는 잊을 만하면 바다 건너 한국의 신문에도 실릴 정도였다. 지금도 중요한 정치 행사가 베이징에서 있을라치면 이들의 테러를 경계하는 중국 정부의 눈길이 살벌할 정도다.

티베트와 신장은 외국 취재진의 접근이 어렵기로도 악명이 높은 언론 통제의 땅이기도 하다. 중국 특파원을 꿈꾸고 있는 기자라면 신장과 티베트에 대한 취재는 하지 말라는 말이 있을 정도다. 잘못 건드렸다가 중국 당국의 블랙리스트에 오르면 아예 중국 입국이 안 될 것을 걱정하는 농담 반 진담 반의 푸념 아닌 푸념이다. 이들의 입장을 대변하는 기사를 썼다는 이유로 기자증 갱신을 안 해줘 프랑스 기자가 사실상 추방됐다는 보도가 있었다.

동시에 신장과 티베트를 중국화하려는 정부의 노력은 부지런하고 치밀하게 지속되고 있다. 높은 산과 계곡을 마다하지 않고 전신주를 세워가며 오지 마을에 전기를 넣어주는 것은 물론, TV는 아예 무상으로 공급해준다. CCTV를 통해 하루 24시간, 도시의 발전상과 한족 위주의 중국을 보고 듣게 된다. 생활 여건의 개선과 효과적인 중국 문화 전달이라는 양날의 칼이다.

해발 수천 미터가 넘는다는 세계의 지붕을 넘어 고산철도도 개통됐다. 티베트자치구의 수도 라싸(拉薩)까지 이제 복잡한 경로를 밟을 일이 없이 기차로 갈 수 있게 됐다. 철도는 제국주의 시대에도 정복을 위한 처음이자 끝의 역할을 했었다.

악천후를 비롯한 엄혹한 환경을 뚫고 기어이 철로를 티베트의 심장부에 들여놓은 중국 정부의 집요함이 놀랍다. 각각 다른 역사와 문자를 가지고 있고 생김새도 완연히 다른 그 땅에서 중국의 시도가 어떻게 끝을 맺을지도 궁금해진다.

그렇게 골치를 썩이는 신장과 티베트도 중화민족원 안에서는 몇 개의 가옥일 뿐이다. 마침 티베트 마을에서는 공연 연습이 한창이었다. 라마교 사원 앞에서 상의는 전통복장을 입고 밑에는 청바지를 입은 젊은 남녀 몇이 강사로 보이는 중년 여성의 구호에 맞춰 춤 연습을 하고 있었다.

아직 몸에 익지 않은 춤동작이었는지 손발이 잘 맞지 않았고 그럴수록 중년 여성의 목소리가 높아졌다. 쩌렁쩌렁한 목소리는 모두 중국 표준어인 푸통화였다. 위에 어설프게 걸친 전통의상을 걷어내면 사실 티베트와의 연관을 찾기는 어려울 듯했다. 그러고 보니 사원에 무표정하게 앉아 승복을 입고 있는 중년 남자도 진짜 승려인지 아닌지 알 길이 없었다.

마지막으로 들른 곳은 만족박물관, 만주족 마을이었다. 마을이랄 것도 없이 자금성을 본뜬 듯한 황금색 기와지붕의 가옥 한 채만 덩그러니 있었다. 만주족의 역사를 소개하는 현판이 있었고, 마당은 휑하니 텅 비어 있었다. 한때는 대륙의 지배자였고 지금의 중국 영토를 만들어낸 만주족의 영화는 찾을 길이 없다. 초라하기까지 한 모습이었다.

지금도 자금성에 가면 궁궐 현판에서 한자 옆에 함께 쓰여 있는 만주어를 볼 수 있다. 아랍어 같기도 하고 뭔가 꼬불꼬불하게 새겨진 그 글자는 자금성의 주인이 만주족이었음을 알려주는 단서다. 명나라가 세운 자금성을 접수한 만주족이 궁궐 전각들의 이름을 만주식으로 바꾸면서 새겨놓은 것이다. 그 드넓은 자금성을 내주고 지금은 이렇게 도심 한가운데 작은 집 한 채로 남았으니, 만주족 선조들이 보면 땅을 칠 일이다.

하지만 그 꾸지람의 대상이 될 만주족 후예들이 남지 않은 것이 현실이다. 우리 역사와 중국 역사에서 항상 한 축을 담당했던 여진족, 만주족이라는 이름은 이제 말 그대로 역사책에나 있을 정도다. 누르하치가 개국해 푸이가 퇴위할 때까지 296년간 대륙의 주인이었던 만주족은 중국화되어 그 존재를 찾기가 어렵다.

〈최종병기 활〉이라는 영화를 보면 조선을 침략한 여진족이 만주어를 하는 장면들이 많이 나온다. 류승룡과 그 부하들이 "위대한 만주를 위해"라는 만주어 구호를 외치는 게 기억이 난다. 지금 일상생활에서 만주어를 할 줄 아는 사람을 찾기란 쉽지 않다. 만주어를 할 줄 아는 노인들이 간혹 뉴스에 소개될 정도다. 이미 소멸 위기 언어로 전락한 지 오래다. 오랫동안 역사적 쟁투를 벌였지만 현재 스코어는 한족의 완승인 셈이다. 어쩌면 이 중화민족원이라는 공간 자체가 그 의기양양의 정점일지도 모른다.

"매일 세상을 넓게 보라. 중화 56개 민족은 항상 중국에 있다. 세계가 중국을 이해하게 하고, 우리가 스스로를 알게 하라(日日纵览江山万里 中华56个民族尽在中国 让世界了解中国 让我们认识自己)."
입장료를 내고 받은 팸플릿에 선명한 이 글귀와 동물원 우리 마냥 여기저기 펼쳐져 있는 소수민족 가옥들이 짧지만 긴 여운을 남긴다.

중국, 한 걸음 더 들어가기

- 민족문제는 중국 헌법에도 있다. "중국의 각 민족은 모두 평등하다. 어떠한 민족적 차별을 금지하며 민족 단결을 파괴하고 민족 분열을 조장하는 행위를 금한다"는 중국 헌법 제4조가 그것이다. 차별 금지보다 민족 단결에 더 힘을 준 것 같은 느낌이 확연하다. '민족분열을 조장하는 행위를 금한다'는 말 뒤에 서슬 퍼런 중국 정부가 보이는 것 같아 오싹하다.

- 민족문제는 공산당 지도자를 꿈꾸는 한족에게는 출세의 지름길이자 시험장이다. 토가족 학생이 엘리트 공무원들을 일부러 변경으로 보낸다는 말을 하기에 검색해봤다. 후진타오 전 주석은 1989년부터 1992년까지 티베트자치구 서기를 지냈다. 포스트 시진핑으로 꼽히는, 유력한 차기 지도자인 후춘화 광둥성 서기 역시 티베트와 네이멍구자치구를 거쳤다. 이래저래 소수민족을 어떻게 다루느냐가 지도력에 대한 일종의 시험지인 셈이다.

- 중화민족원 안에는 조선족 마을도 있다. 입구에는 장승이 서 있고 춘향이가 탔을 것 같은 그네도 마당 중앙에 있다. 초가집 내부로 들어가면 장독이 있고 50, 60년대쯤에 썼을 것 같은 가재도구들이 전시되어 있다. 사진용으로 한복이 여러 벌 걸려 있었지만, 조선음식과 조선냉면을 파는 곳은 영업을 하지 않았다. 추운 동북 지역의 특성에 맞게 아궁이를 집 내부에 만들어놓은 것이 눈에 들어왔다. 관람객은 우리 일행뿐이었고, 인기척이 나자 중년 여성 한 명이 나왔는데 우리말은 하지 못했다.

베이징대와 칭화대,
중국을 짊어진 두 개의 대학

#베이징대 #칭화대 #원명원 #대청제국 #테크노그라트

# #

베이징대의 현판 글씨는 마오쩌둥이 썼다.
칭화대 바로 앞에는 창업을 위한
고층 빌딩이 있다.
두 대학은 서로 대비되는 구석이 많다.

대륙 전역이 대입 시험으로 들썩이던 때, 중국어 학원에 다녔다. 중국의 대입 시험을 '까오카오(高考)'라고 하며, 우리의 수능에 해당한다. 수업 중에도 가끔 입시 이야기가 나왔다.

얼마 후 강사의 얼굴에 웃음이 가득했다. 아들이 시험을 봤는데 점수가 잘 나왔다고 했다. 고3 부모의 모든 관심사는 자식의 성적이다. 우리 부모님들도 그랬다. 한국이나 중국이나 다를 리가 없다.

그런데 또 얼마 후 이번에는 강사의 표정이 안 좋았다. 아들이 원하는 것은 컴퓨터 전공인데, 베이징대(北京大, 북경대)는 갈수 있는데 칭화대(清华大, 청화대)를 가기에는 점수가 모자라다고 했다. 1~2점 차이였다. 아이는 칭화대를 가겠다고 고집을 부리는 모양이었다. 강사도 칭화대에 갈 수 있다고 생각했었는지 낙담하는 눈치였다.

중국에서는 베이징대가 엄지손가락이 아니냐고 물었다. 쓴웃음을 지으며 정치하고 싶으면 베이징대라고 하지만, 나와서 굶어 죽기 좋은 곳도 베이징대라고 했다.

한국에 있을 때는 베이징대가 단연 중국의 대표 대학이라고 생각했다. 대학에 서열을 매기는 촌스러운 교육을 받아서 그런지 베이징대는 한국의 서울대, 일본의 도쿄대, 뭐 이런 비유가 익숙하다. 틀린 말은 아니다.

베이징대는 베이다(北大, 북대)라고 부른다. 13억 중국인이 한 번쯤 고개를 끄덕이는 최고의 대학이다. 하지만 대륙은 넓고, 최고의 대학은 베이징대만이 아니다.

개별 학과와 단과대학을 위주로 발전해온 중국의 대학은 우리처럼 서울대가 천하 통일하는 것을 허용하지 않는다. 사회과학 분야는 중국인민대(中國人民大)를 빼놓을 수 없다. 실제 석·박사 과정에서는 사회과학원이 더 어렵다는 얘기도 들은 적이 있다. 교육은 북경사범대(北京师范大), 미디어는 중국전매대(中国传媒大), 법학은 중국정법대(中国政法大) 등 특화된 전공의 전통을 지니고 있는 곳도 여럿 있다. 중국농업대(中國農業大), 북경지질대(北京地质大), 북경우전대(北京邮电大), 북경과기대(北京科技大) 등 이름만 들어도 주력 전공을 알 수 있는 대학이 수두룩하다.

대학 평가 상위권에는 난징대(南京大, 남경대), 푸단대(復旦大, 복단대), 저장대(浙江大, 절강대) 같은 지방의 명문대학들이 이름을 올린다. 하지만 무엇보다 개혁개방 이후 베이징대와 어깨를 나란히 하고 있는 건 칭화대다.

베이징대와 칭화대는 모두 베이징의 대학로인 우따오코우에서 가깝다. 우따오코우 전철역에서 칭화대는 걸어서 10분 남짓이고, 베이징대는 조금 멀다. 그래봐야 자전거로 채 10분이 걸리지 않는다. 하지만 나란히 있는 두 대학은 닮은 것보다는 다른 점이 눈에 띈다.

우선 두 대학 모두 넓다. 걸어서 둘러보려면 해가 진다. 칭화대가 3.95km^2, 베이징대가 2.73km^{2}로 면적은 칭화대가 조금 넓다. 여의도가 2.9km^{2}이니 비교할 만하다. 100년이 넘다 보니 청나라 귀족이 살던 곳도 있을 정도로 곳곳에 역사적인 건물도 많다. 칭화대 서문을 나가면 원명원(圓明園) 같은 유적들도 지척이다. 그 넓은 캠퍼스엔 학생들이 바글거린다. 현재는 학생 수를 대학원생 포함, 모두 3만여 명으로 추산한다. 베이징대가 조금 더 많다.

매년 중국의 수능을 치른 후, 지방의 수석들이 어디로 진학하느냐가 뉴스거리인데, 베이징대와 칭화대가 수위를 다툰다. 중국의 대학은 지역 할당이 있어 학과별로 각 성, 각 직할시에 몇 명씩 배정된다. 따라서 베이징대와 칭화대는 그 지역 수재들로 채워진다. 캠퍼스를 걷고 있는 평범한 학생들처럼 보이지만 몇 십만, 몇 백만 명 중 1등을 한 천재들이 발끝에 채인다. 닮은 점은 여기까지다.

베이징대는 1898년에 세워진 중국 최초의 국립대학이다. 명·청시대에 최고 교육기관이던 국자감이 경사대학당으로 이어졌고, 1912년 중화민국 설립과 함께 베이징대로 이름을 바꿨다. 국학이라는 자부심이 베이징대에는 있다. 칭화대는 1911년 세워졌다. 미국으로 유학생을 보내기 위한 청화학당이 그 시작이다. 이공계 위주로 발전했으며 중국의 MIT로 불린다.

칭화대에 들어가면 "자강불식 후덕재물(自强不息. 厚德載物)"이라는 글귀가 눈에 띈다. 스스로 강하게 연마하고, 덕을 쌓은 기반위로 물질적인 발달을 꾀한다는 뜻이다. 핵심은 '물(物)'이라는 글자다. 원래 『주역』에 있던 글귀라는데 지금은 많은 학생들이 재물로 받아들인다. 지극히 현실적인 학풍임을 짐작할 수 있다. '나부터, 지금부터 시작하자(從我做起. 從現在做起)'는 구호는 칭화대와 어울린다.

베이징대는 반대다. '단결해 중국을 부흥시키자(團結起來. 振興中華)'는 구호가 딱이다. 일제에 저항했던 5·4 운동, 문화대혁명, 1889년 6·4 천안문 사태 등 중국 정치사의 격변기마다 선두에는 베이징대 학생들이 있었다.

문화대혁명 때 베이징대는 3년간 문을 닫기도 했다. 머릿수를 알 수 없을 정도로 많은 학생이 피를 뿌린 천안문 사태도 베이징대 대자보에서 시작했다. 한동안 6월 4일이 되면 베이징대에는 공안의 엄격한 단속이 캠퍼스를 눌렀다는 기사를 본 적이 있다. 이렇듯 중국이 가야할 길에 대한 고민과 이상, 그리고 행동이 베이징대의 몫이다.

✖

날이 좋을 때면 자전거를 타고 두 학교를 가끔 둘러봤다. 호기심에도 가봤고 널찍한 캠퍼스를 달리는 맛에도 종종 다녔다. 그런데 두 대학은 들어갈 때도 다르다. 칭화대는 개방이다. 누구 하나 제지하는 사람이 없다. 베이징대는 여권이 있어야 한다. 명부에 여권번호를 적고 '참관'이라고 방문 목적을 써야 들어갈 수 있다.

베이징대 서점에 가면 『내가 베이징대를 사랑할 수밖에 없는 100가지 이유(爱上北大的100个理由)』라는 책이 있다. 책은 베이징대의 역사와 정신으로 가득하다. 첫 장이 베이징대 서문 사진이다. 고풍스러운 대문의 "베이징 대학"이라는 현판은 마오쩌둥의 친필이다. 마오는 젊은 시절 베이징대 도서관의 사서로 일했었다.

반면 칭화대 입구에서 눈에 띄는 것은 정문 앞에 있는 '칭화 사이언스 파크'다. 칭화대 출신이 창업을 하면 이곳에서 일정 기간 사무실을 임대할 수 있다. 성공하면 학교가 지분을 나눠 갖는다. 학생은 돈 걱정 안하고 안정적으로 창업에 몰두할 수 있고, 학교는 그런 학생들을 독려하면서 수익을 기대할 수 있다. 역시 다르다.

아이러니는 지금 중국의 정치를 주도하는 인물들이 칭화대 출신이라는 점이다. 베이징대가 정치, 칭화대는 경제일 것 같은 선입견이 여지없이 깨진다. '대청제국(大淸帝國)'이라는 말이 있다. 칭화대가 주도하는 중국 권력지도를 비유한 말이다. 덩샤오핑 이후 대륙의 권력을 승계한 후진타오, 시진핑이 모두 칭화대를 졸업했다.

'테크노크라트(technocrat, 기술 관료)'라는 단어도 있다. 과학과 기술이 빠른 속도로 발달하고 있는 현대사회에서 과학자, 엔지니어, 경제학자 등 전문가들이 사회 변화에 중요한 역할을 하며, 그들의 정치적 중요성이 증대되고 있다는 뜻이다. 칭화대의 약진을 이런 배경으로 보는 해석이 있다. 개혁개방 이후 경제개발에 박차를 가한 것이 현실을 중시하는 칭화대와 맞아 떨어졌다고 하는 설명이 그럴듯하다. 끼워 맞추지 않더라도 이공계가 강한 칭화대가 베이징대와 어깨를 나란히 하게 된 배경은 중국 경제의 성장임을 아무도 부인하지 않는다.

종종 중국은 시소와 같다는 생각을 했다. 지금은 정치와 경제의 무게 추가 묘하게 균형을 이루고 있다. 정치와 경제는 이상과 현실로 치환할 수 있다. 그 자리에 베이징과 상하이, 북방과 남방이라는 단어를 넣으면 중국인들도 어느 정도 수긍을 한다.

베이징대와 칭화대도 마찬가지다. 물론 완전한 정치는 아니다. 그들이 말하는 방식의, 공산당이 주도하는 정치다. 그럼에도 그 무게 추가 어느 쪽으로 기우는지를 유심히 볼 필요가 있다. 급격히 기울면 대륙이 요동친다. 빨간 깃발이 나부끼는 혼란도, 돈만 추구하며 생기는 부작용도 모두 균형이 깨질 때 생겼다. 이들이 더 잘 알고 있다. 그래서 어떻게든 무게 중심을 유지하려고 애를 쓴다. 각기 그때의 상황과 명분에 맞게 힘을 실어준다. 베이징대와 칭화대를 보면서 중국의 현재를 읽을 수 있는 이유다.

중국, 한 걸음 더 들어가기

학원 강사의 아이는 결국 칭화대로 진학했다. 자세한 말을 안했는데, 전공을 바꾼 듯했다. 바꿨어도 IT쪽이었을 것이다. "엔지니어가 돼야 돈을 벌 수 있는 기회가 많아진다"는 말을 여러 번 했다. 철학이나 역사, 인문학은 발붙일 곳이 없어 보였다. 강사는 학원에 이틀 휴가를 냈다. 할아버지, 할머니가 잔치를 하기 위해 쓰촨에서 베이징까지 온다고 했다. 자식이 좋은 대학에 가는 것이 집안 전체의 영광이 되는 풍토는 동아시아의 공통이다.

광장,
통제와 자유가 공존하는 공간

#광장무 #따마 #천안문광장 #촛불시위

# #

중국의 광장은
집단을 이룬 시민들의 춤사위로
관광객의 눈을 홀린다.
하지만 광장무 이상은 허용되지 않는다.

베이징 거리를 오가며 한동안 재미있게 관찰했던 것 중 하나가 광창우(广场舞, 광장무)다. 광장에서 떼로 모여 추는 춤으로, 중국에 조금만 관심 있는 사람이라면 익히 알고 있는 중국 특유의 문화다.

공원, 아파트 단지의 놀이터, 대형마트 주차장, 고가다리 밑의 공터 등 장소를 가리지 않는다. 대개 춤을 리드하는 사람이 있어 보였다. 라디오나 스피커를 앞에 놓고 음악에 맞춰 글자 그대로 군무를 춘다. 좀 더 나이 드신 분들이 모여 있으면 우리가 태극권으로 알고 있는 느릿한 몸동작을 하기도 한다.

광장무의 기원에 대해 사회주의 시절 집단문화의 하나로 보는 분석이 있다. 모두가 가난하던 시절, 별다른 비용 없이 손쉽게 즐길 수 있는 여가 활동의 하나였다는 얘기다.

개인보다는 집단을 중시하는 사회 분위기도 한몫했다. 탈북자를 인터뷰할 때 광장에 모여 집단으로 춤을 추던 시절을 회상했던 것이 생각났다. 아직도 평양에서는 매년 10만여 명에 가까운 인원을 모아놓고 대규모 체조를 하며 단합을 과시한다. 집단을 중시하는 사회주의 체제가 영향을 끼친 것이 분명해 보인다.

중국의 광장무는 지난 80~90년대에 크게 성행했다고 한다. 중년의 여성들에게 큰 인기를 끌었다. 지금의 젊은이들은 광장무라는 말을 들으면 아줌마나 노인들이나 한다며 웃는 친구들도 많다.

한번은 대형마트 앞 주차장에서 주말에 광장무를 추는 따마(大妈, 중년 여성)들을 본 적이 있다. 라틴댄스 같은 난이도가 있는 춤을 의상까지 갖춰 입고 나와서 일사불란하게 추는 모습이 인상적이었다. 마치 우리나라 아이돌의 칼같이 각을 맞춘 군무를 보는 듯했다.

중국 최대 동영상 사이트인 유쿠에 '광장무'라는 키워드를 입력하면 각 노랫말에 맞춰 광장무를 추거나 가르쳐주는 동영상을 쉽게 찾아볼 수 있다. 중국 국가체육총국이 총 12개 버전의 광장무를 전국적으로 보급할 계획이라는 보도가 있는 것을 보면 정부에서도 장려한다는 뜻이다.

하지만 역설적으로 정부가 광장에서 허용하는 것은 광장무까지다. 흥에 겨운 집단의 춤사위가 끝나면 더 이상은 허용되지 않는다. 혹시라도 광장무 이상의 것이 터져나올까봐 엄격한 통제와 감시의 눈초리가 항상 광장을 향해 있다. 의심은 실제에 근거를 두고 있다.

현대 중국의 역사에서 광장은 매번 정치의 공간이었다. 일본에 대한 적개심을 표출하던 대학생들이 모여든 곳도, 마오쩌둥의 어록을 든 백만 홍위병이 집결한 곳도 어김없이 광장이었다.

그 광장에 피가 흐르고 넘쳤던 것이 불과 30년이 안 된다.

1989년 4월, 천안문 광장으로 학생과 노동자들이 모여들기 시작했다. 중국 공산당 총서기를 지낸 후야오방의 사망이 계기였는데, 모여든 군중들 사이에서 민주화를 요구하는 구호들이 나오기 시작했다. 시민과 지식인들이 합세하면서 광장의 열기는 정점을 찍었다.

천안문 광장의 열기가 전국으로 확산될 조짐을 보이자 공산당 지도부는 강경 진압을 선택했다. 6월 4일 새벽, 인민해방군의 장갑차가 광장으로 진입했다. 《인민일보》는 300여 명이 죽었다고 했지만, 외신은 그 머릿수를 수천 명으로 짐작했다. 이후 광장에서의 정치는 일반인들에게 금기가 됐다.

오늘의 천안문 광장은 한번 들어갈라치면 줄을 길게 서서 보안검색대를 통과해야 하는 번거로움을 감수해야 한다. 신분증이 없으면 돌아가야 한다. 매일 아침 중국의 국기인 오성홍기의 계양식에서 힘차게 깃발을 펴는 훤칠한 군인의 매서운 눈초리가 광장의 주인이 누구인지를 알려준다.

✖

'최순실'이라는 이름 석 자가 한국 전역을 뒤덮던 2016년 겨울, 세계 각지의 한인 교포들 역시 촛불 시위에 동참했다. 파리, 뉴욕, 베를린, 런던 등지에서 촛불과 플래카드를 든 한인들의 사진을 볼 수 있었다. 에펠탑을 배경으로, 개선문을 배경으로, 파리의 콩코드 광장, 독일의 브란덴부르크 광장, 런던의 트라팔가 광장이 모두 촛불의 무대가 됐다.

베이징의 한인들 역시 분노가 끓었다. 한인들이 모이는 인터넷 커뮤니티에 우리도 모여야 하지 않겠냐는 글들이 올라왔다. 하지만 중국의 광장은 열리지 않았다. 옥외 집회를 공안이 엄격히 단속한다는 댓글들이 푸념과 염려를 대신했다. 결국 식당의 방을 빌려 촛불을 켜는 것으로 대신했다는 얘기를 들었다. 광장무 외에 사람들이 모이는 것은 일절 허용되지 않는다는 것을 절감했다.

한국의 광장은 사뭇 다르다. 서울에서는 광장무를 찾아볼 수 없다. 일상에서 광장은 개별적인 공간이며, 삼삼오오 광장을 즐기는 사람들이 더 익숙하다. 하지만 완전히 열려 있지는 않다. 한국도 권력과 가진 자들은 끊임없이 광장을 통제하려 했다.

《조선일보》의 논객 김대중 고문은 "군중심리와 공포정치"라는 단어를 써가며 광장으로 모여드는 시민들을 경계했다. "50여 년 민주주의를 학습한 나라인가를 의심케 한다"며 한탄을 하는 그의 글에서 나는 오히려 50여 년 민주주의를 일궈낸 광장의 힘을 본다.

시민들이 모여든 겨울의 광장에는 흥이 넘쳤다. 자유발언대를 타고 거침없는 말이 폭포처럼 쏟아지고 즉석에서 노래와 공연이 이뤄졌다. 학생부터 백발까지 모두 어울렸고 유모차를 밀며 촛불을 든 젊은 부부의 모습도 낯설지가 않았다.

반대의 결기도 있었다. 태극기를 몸에 휘감은 사람들도 몰려들었다. 정치적으로 동의할 수 있는지 없는지를 떠나서 모이는 것에 어떤 제약도 있지 않았다. 2016년 '정치혁명'을 만들어낸 광장의 모습이다.

물론 거저 얻은 것은 아니다. 우리의 광장도 베이징의 89년을 수차례 겪었다. 군인들이 힘으로 세운 정권이 광장의 주인이 되어 서울역 광장에 모인 학생들을 짓밟았고, 1980년에 들어선 또 다른 군사정부도 광장을 억압했다. 그럼에도 시민들은 통제선을 넘어 질기게 광장으로 모여들었다.

불과 7년 후, 6월 광장에서 군사정부는 마침표를 찍었고 시민들은 광장을 돌려받았다. 2002년 서울시청 앞 광장에 모여든 젊은 시민들은 붉은색으로 도배를 하고 월드컵을 즐겼다. 미군 장갑차에 깔린 어린 두 소녀의 명복을 빈 곳도, 광우병을 염려하며 시민들이 쏟아져 나온 곳도 돌려받은 광장이었다.

한국과 중국, 똑같이 광장으로 장갑차를 앞세운 군이 들어왔지만 그 이후가 달랐다. 그 차이가 오늘의 한국과 중국의 다름을 만들었다. 그렇다고 누가 우월하다는 얄팍한 자존감을 말하는 것은 아니다. 각자의 사정에 맞는 우선순위가 있을 것이고 자신의 잣대로 남을 평가하는 것은 경계해야 할 일이다.

다만 광장에서 흘린 핏값을 제대로 치르고 있는지는 찬찬히 되새겨봐야 한다. 말하고 생각하는 자유와 모일 자유를 누리고 있는 대한민국 시민이라면 너나 할 것 없이 빚을 졌다. 특히 다시금 쏟아져 나온 시민들의 힘으로 간신히 권력의 치부에 접근할 수 있었던 언론은 광장에 너무도 큰 빚을 졌다. 감시견은 못 될지언정 하이에나 역할이라도 제대로 해야 그 빚을 조금이나마 갚을 수 있을 테다. 적어도 대한민국은 광장을 열어젖힌 시민의 힘 덕분에, 지도자의 잘못에 탄핵이라는 촛불로 응수할 수 있는 사회임을 보여줬다.

닫힌 광장의 춤사위는 보는 사람의 눈을 홀린다. 광장무가 보여주는 집단의 미학은 분명 길 가던 사람의 발걸음을 멈추는 매력이 있다. 하지만 광장무 이상이 허용되지 않는 광장에서 노랫가락 이상의 흥분을 기대하기는 어렵다.

그 광장이 언제 열릴지, 누구에 의해 열릴지를 궁금해 하고 저마다 예측을 하는 사람들이 많다. 그리고 광장이 열리면 어떤 변화가 있을지 역시 관심의 대상이다. 답은 결국 경쾌한 음악에 맞춰 광장무 스텝을 밟고 있는 저들에게 물어야 할 것 같다.

중국, 한 걸음 더 들어가기

시위 보도에 인색한 것이 중국 언론이다. '아랍의 봄'을 이끌었던 재스민 혁명도 그렇고, 민주화를 요구하며 홍콩을 뒤엎은 우산의 행렬도 중국 매체는 철저히 외면했다. 그 불똥이 중국의 광장으로 튀는 것을 경계했을 것이라는 짐작이다. 그런데 이례적으로 이번 한국의 광장을 뒤덮은 촛불은 중국 매체에 여러 번 등장했다. 생중계를 하며 촛불을 든 시민들을 현장에서 인터뷰해 내보내는 화면은 다소 낯설었다. 어떤 시선으로 한국의 광장을 본 것인지가 궁금하다.

축구굴기,
축구공에 실은 대륙의 꿈

#축구굴기 #시진핑 #치우미 #옌볜푸더 #공한증 #월드컵

# #

중국은 해외의 유명 클럽을 초청해
자국의 축구 붐을 조성하는 데 막대한 돈을 쏟아 붓는다.
전 세계 축구계가 차이나 머니로
즐거운 비명을 지르고 있다.

옌벤(延边). 일제 강점기에 넘어간 우리 할아버지, 할머니들이 정착해 터를 일군 곳이다. 해방이 됐지만 이미 땀 흘린 삶의 터전을 떠나기는 쉽지 않았다. 수백만이 눌러앉았고 중국은 이들은 소수민족으로 인정했다. 조선족자치주의 시작이다.

옌벤 조선족자치주의 수도인 옌지(延吉, 연길)에 가면 간판의 절반이 한글이다. 중국말을 못해도 어지간하면 시내에서 길을 잃을 일이 없다. 함경도, 경상도. 떠나올 때의 고향은 남북을 가리지 않았다. 하지만 해방 후 역사는 남북을 갈랐다. 남쪽이 고향이었던 사람들은 왕래가 끊긴 채 50년이 훌쩍 흘렀다. 그러다 1992년 한국과 중국이 수교를 하면서 다시 길이 열렸다. 호적상 소속인 사회주의 신중국이나 고향이라 생각했던 조선민주주의인민공화국과는 비교가 안 될 만큼 경제성장을 이룩한 대한민국이 비행기로 2시간 거리였다.

남쪽에 친척을 둔 사람들이 먼저 서울을 찾았다. 돈은 사람을 부른다. 한국에 가서 1년을 일하고 왔더니 집을 한 채 샀다더라, 소문이 퍼지는 것은 삽시간이었다. 그들은 어느 정도 부를 일군 한국에서는 기피하는 일들을 주로 했다. 몸으로 하는 일은 고됐지만 손에 쥐는 돈맛에 많은 조선족 동포들이 옌벤을 떠났다. 조선족자치주 마을에 하나둘 빈집이 늘어갔다.

한국이 익숙지 않거나 얼마간의 돈을 손에 쥔 이들은 옌벤을 떠나 대도시로 향했다. 베이징, 상하이, 광둥 등으로 가 한국 사업가들의 통역 겸 현지 조력자로서의 역할을 했다. 중국 진출을 추진하던 일본 기업가들이 한국 기업에 대해 가장 부러워한 것은 다름 아닌 조선족이라는 말이 돌았다.

돈을 제법 모았다 싶으면 자기 일을 시작했다. 중국도 경제성장의 궤도에 오르면서 대도시 쏠림 현상이 나타났다. 동북은 성장을 멈추고 쇠락해갔고 고향으로 돌아갈 이유를 잃은 조선족들은 그렇게 도시에 눌러앉았다.

조선족이 떠난 빈집엔 한족들이 들어와 살기 시작했다. 조선족자치주는 존폐를 걱정할 정도의 위기라는 말이 나오기 시작했다. 한국이나 대도시로 돈 벌러 떠난 부모의 자리엔 어린아이와 늙은 할아버지, 할머니만이 남아 일상이 됐다.

그랬던 옌벤에 전혀 생각지 못했던 의외의 활기가 돌기 시작했다. 바로 축구였다. 중국에는 3개의 축구리그가 있는데 그중 슈퍼리그가 우리의 1군으로, 18개 팀이 있다. 갑급리그가 2부리그, 을급리그가 3부리그다. 2, 3부리그는 모두 16개 팀이다.

옌벤에도 프로축구팀인 '옌벤 푸더(延边富德)'가 있다. 옌벤팀이니 선수들도 조선족이 많다. 2부인 갑급리그에 있었는데 꼴찌였다. 3부로 강등될 뻔했다가 다행히 갑급리그의 팀이 하나 해체되면서 잔류했다.

그랬던 옌볜 푸더가 2016년 대반전을 이뤘다. 꼴찌에서 1등으로 기적 같은 역사를 썼다. 갑급리그 1위 팀은 1부 리그인 슈퍼리그로 승격한다. 누구도 예상하지 못했지만, 옌볜 푸더는 중국 슈퍼리그에 진출했다. 옌지뿐만 아니라 자치주 전역이 들썩였고 언론 역시 이들을 주목했다.

스포츠가 원래 극적인 승부의 세계라지만 이들은 드라마를 넘어 기적을 만들어냈다. 중국, 한국 언론을 가리지 않고 옌볜 푸더에 대한 기사를 썼다. 직접 현지를 다녀온 KBS 김진우 기자는 취재 후기에서 요즘 옌볜의 첫인사가 "지난 경기를 봤습니까?"로 바뀌었다고 했다. 80대 할머니가 선수들에게 냉면과 수박을 사주라며 성금을 전달하는가 하면, 한 동포 식당에서는 옌볜팀 골이 터질 때마다 손님에게 서비스 음식을 제공하더라며 조선족 사회의 들썩거림을 전했다.

2017년 설에는 이들의 이야기가 다큐멘터리로 만들어져 한국에서 전파를 탔다. 홈구장에서 경기가 열리는 날 모인 수만 명의 응원단, 원정 경기를 떠나는 팀을 위해 몇 시간씩 기차를 타고 따라가는 열성팬들, 응원하다 만나 결혼까지 한 커플의 사연이 화면을 채웠다.

발군의 활약을 보이고 있는 조선족 김파, 지문일 선수를 카메라가 밀착해서 따라다녔다. 골키퍼인 지문일은 옌볜에서의 활약을 바탕으로 중국 국가대표에 선발되기도 했다. 옌볜 푸더가 조선족으로만 이루어진 것도 아니고 조선족만의 사랑을 받는 팀도 아니지만, 이들은 공동체가 허물어질 위기에 처한 옌볜 조선족의 버팀목이 되고 자긍심이 됐다.

"축구는 조선족이죠. 옌볜 자치주의 한족 학교에서는 농구를 하지만, 조선족 학교는 무조건 축구입니다"라는 어느 조선족의 말이 원래 중량인 400g 이상의 무게를 갖게 된 축구공의 의미를 말해준다.

✖

축구로 하나 된 옌볜 열풍이 무색하리만큼 축구로 하나 된 중국을 외치는 사람이 또 있다. 대륙의 핵심, 시진핑이다. 그의 축구 사랑은 널리 알려져 있다.

인터넷에 '시진핑, 축구'로 검색하면 본인을 스스로 치우미(球迷, 축구광)로 소개하는 것에 부합하는 자료들을 쉽게 찾아볼 수 있다. 영국을 방문했을 때 맨체스터시티 FC의 공격수 세르히오 아구에로와 찍은 셀카도 있고, 아일랜드 축구장에서 구두를 신고 킥을 하는 사진도 있다.

외국 정상들은 그를 위해 특별한 선물을 준비한다. 안토니오 코스타 포르투갈 총리는 시진핑에게 축구공을 선물로 줬다. 유로 2016에서 우승한 포르투갈 선수 전원의 사인이 들어간 축구 공이었다. 세계 최고의 선수 크리스티아누 호날두의 사인도 들어 있다. 시진핑의 입가에 퍼졌을 미소가 짐작이 간다.

2011년 손학규 당시 민주당 대표를 만난 자리에서 박지성 선수의 사인볼을 선물로 받고 시진핑이 직접 했던 말은 아직도 회자된다. 그는 "중국의 월드컵 참가, 월드컵 개최, 월드컵 우승이 중국 축구에 대한 세 가지 소망"이라고 말했다.

최고지도자의 한마디는 때론 그 어떤 법보다 힘이 세다. 주석의 각별한 축구 사랑 덕에 지금 대륙은 축구굴기(足球崛起)가 한창이다. '굴기(崛起)'는 우뚝 일어선다는 뜻으로 중국의 국가적 목표를 수식하는 말이다. 반도체굴기, 해양굴기, 대국굴기 같은 식이다.

그런데 축구도 굴기다. 중국은 중화 축구의 부흥을 목표로 막대한 돈을 그야말로 쏟아붓고 있어 세계 축구계는 쏟아지는 차이나 머니로 즐거운 비명을 지르고 있다. 유명 선수와 감독을 중국 프로리그로 부르는데 우리 돈 수십억, 수백억을 우습게 쓴다. 이미 홍명보, 최용수를 비롯한 많은 한국 감독들이 중국 프로팀을 지도하고 있다.

중국어를 함께 배우던 코트디부아르 학생은 디디에 드로그바를 중국에서 볼 수 있었던 것을 한참 얘기했다. 영국 프리미어리그 첼시 FC의 전설이었던 드로그바는 전성기를 넘겨 중국리그에 왔지만, 차이나 머니는 어느새 한창 때의 세계적인 선수들도 한번쯤 눈길을 돌릴 만큼 큰 유혹이 됐다.

돈이 스타를 부르고 스타는 팬을 모은다. 구름처럼 모인 팬들은 축구 붐으로 이어진다. 축구 붐을 이어가기 위해서는 또 다른 스타가 필요하다. 수준급의 자국 선수들을 육성하기 위한 시스템이 필수다.

중국의 국영통신사인 신화통신(新華通訊)은 축구 특성화 학교를 2만 곳으로 늘리겠다는 중국 축구계의 발표를 보도했다. 광저우 헝다 축구팀이 유소년 선수를 위해 세운 축구학교에는 운동장만 50개고 학생 수는 2,800여 명으로 세계 최대 규모다. 거품이라는 비아냥거림도 있다. 중국의 프로축구팀이 이탈리아의 명문 AC밀란보다 비싸게 팔린다는 기사를 보면 거품이라는 생각이 들기도 한다.

하지만 이미 우리를 넘어선 하드웨어에 수백, 수천의 축구 영재들이 길러지고 있는 현실은 아찔하다. 항저우 감독으로 있는 홍명보는 "10년 후 중국 축구가 무섭게 달라질 것이 보인다"고 말하기도 했다.

2016년 9월 한국은 중국과 2018 러시아 월드컵 예선전을 치렀다. '공한증(恐韓症, 중국이 한국과 축구경기를 하면 매번 지는 것에 대해 중국인이 한국 축구에 대해 가지는 두려움을 나타낸 신조어)'이라는 말이 생길 정도로 중국에게 한국은 상대하기 버거운 '넘사벽'이었다. 한국과 경기를 할 때마다 이번에는 공한증을 깨야 한다며 야단을 떤다. 이번에도 한국이 먼저 3골을 넣으며 싱겁게 끝나는 것인가 했다. 역시 덩치만 키운 중국 축구는 아직 갈 길이 멀다는 묘한 안심과 함께 채널을 돌렸다.

그런데 그다음 날 확인한 스코어는 3:2. 강의 중에도 축구가 주요 화제였다. 가까스로 이기기는 했지만 후반 막판에 2골을 몰아친 중국은 예전에 우리가 알던 중국이 분명 아니었다. 이기고도 진 경기가 있는가 하면 지고도 이긴 경기가 있다. 이때 중국의 분위기가 딱 그랬다. 결국 반년 후인 2017년 3월, 중국은 한국을 1:0으로 이기며 공한증을 털어냈다.

하지만 중국은 여전히 월드컵 예선에서 부진하다. 한국을 한 번 넘기는 했지만 카타르, 시리아 같은 팀들한테도 버겁다. 감독도 중간에 교체됐다. 또다시 설왕설래가 오갔다.

중국어로 축구는 '주치우(足球)'라고 쓴다. 우리식 한자음으로는 '족구'다. 축구를 족구처럼 하니 잘할 수가 없다는 농담부터, 문화대혁명을 거친 중국인들의 개인주의적인 성향 때문에 단체 경기인 축구 수준이 떨어진다는 그럴듯한 사회학적인 분석까지 만개했다.

축구에 대해 애정을 쏟아부었는데도 성장이 더딘 자국 축구에 대한 치우미들의 분노는 잠깐이다. 프로 경기가 열리는 날이면 어김없이 수만 명이 경기장을 찾는다.

돌이켜보면 9:0, 11:0으로 세계 팀들에게 망신을 당하던 우리가 월드컵 4강이라는 동화 같은 이야기를 쓰는 데 불과 50년밖에 걸리지 않았다. 지금 같은 축구 열기라면 그 시간이 중국에게는 더 짧을 것이 분명해보인다.

국가적인 축구굴기가 단순히 최고지도자의 취미 때문만은 아닐 것이다. 중국은 그렇게 허술한 나라가 아니다. 시진핑이 꿈꾸는 중화의 부흥을 위해 각 분야에 '굴기'라는 말을 붙여 치밀하게 추진하는 것이 중국이다. 스포츠로 따지면 축구만 한 것이 없다. 올림픽을 제외하면 단일 종목으로 전 세계인의 주목을 받는 스포츠 이벤트로는 월드컵을 따라올 만한 경기가 없다. 아마 시진핑이, 그리고 중국이 꿈꾸는 축구굴기는 우리의 2002년 모습과 닮아 있지 않을까 싶다.

1988년 서울 올림픽으로 지긋지긋한 가난을 끝내고 세계 무대에 얼굴을 내민 한국은 2002년 월드컵을 통해 대한민국이 자랑스러운 나라임을 광장에서 마음껏 외쳤었다. 2008년 베이징 올림픽에서 화려하게 중화 부흥의 축포를 쏜 이들도 전 국민을 하나로 만들 극적인 마당이 필요할 테다. 옌벤 푸더가 200만 조선족의 단합을 이끌어냈다면, 시진핑도 분명 13억 중국인의 합창을 머리에 그리고 있을 것이 분명하다.

중국, 한 걸음 더 들어가기

- 국제축구연맹(FIFA)은 2026년 월드컵부터 본선 진출국을 현재 32개국에서 48개국으로 확대하기로 결정했다. 아시아에 배정될 본선행 티켓도 지금의 4~5장에서 대폭 늘어날 것이 확실하다. 최대 수혜국으로 단연 중국이 꼽힌다. FIFA의 결정을 거대한 축구 시장으로 급부상하고 있는 중국을 의식한 것으로 보는 해석이 많다. 어떤 배경이든 중국을 월드컵 본선에서 쉽게 보게 될 날이 가까이 왔다. 이들은 2026년 월드컵 유치, 2050년 월드컵 우승이 목표다.

- 『수호지』에 공을 다루는 현란한 실력으로 황제의 눈에 들어 고속 출세한 '고구'라는 인물이 나온다. 공을 발등에서 떼지 않았다는 그의 기술을 '원앙괴(鴛鴦拐)'라고 불렀다. 축구의 발상지가 중국이라는 주장이 나오는 근거다.

  사실 우리도 삼국통일의 두 주역 김유신과 김춘추가 사돈을 맺는 과정에 '축국(蹴鞠)'이라는 운동이 등장한다. 축(蹴)은 발로 찬다는 뜻이고 국(鞠)은 가죽으로 만든 공이다. 학자들은 공으로 하는 제기차기 비슷한 운동이었을 것으로 추측한다.

  중국인들은 축국이 중국 제나라 때 만들어졌다고 주장한다. 제프 블라터 FIFA 회장이 2004년 중국 국제축구박람회 때 축구의 기원이 중국이라는 말을 했다고 한다. 바로 다음 해 중국은 고대 제나라의 수도였던 산둥성 쯔보(淄博)에 축구박물관을 만들었다.

한자,
반만 년 문명의 기억

#한자 #HSK #문자개혁 #간체자 #번체자 #올해의한자

# #

중국은 공자학원이라는 이름을 걸고
해외에 중국어와 한자를 전파하기 위해
총력을 기울이고 있다.
중국몽은 한자몽이기도 하다.

2016년 12월, 한 해를 마감하며 중국인들이 올해의 한자로 꼽은 것은 법칙, 규범이라는 뜻의 '꾸이(规, 규)'였다. 올해의 한자는 교육부 산하의 국가언어자원조사연구센터와 중국인명사전을 발간하는 권위 있는 출판사인 상무인서관(商務印書館)이 함께 선정한다.

'꾸이'에는 오래된 규범의 전통은 계승하되, 새로운 시대의 요구에 맞는 규범으로의 변화를 꾀한다는 부연 설명이 붙었다. 변화의 속도가 빠른 현대 사회에서 흔들리지 않는, 뭔가의 중심을 잡을 필요성을 느낀 듯하다.

내친김에 올해의 한자를 계속 검색해봤다. 올해의 한자를 보면 그해의 중국이 보인다. 2012년은 '멍(梦)', 꿈 몽이었다. 2012년은 시진핑이 권력을 잡은 첫해였다. 시진핑은 중화 민족의 부흥을 내걸었고, 그 맨 앞자리를 '쭝궈멍(中国梦, 중국몽)'이라는 구호가 차지했다. 중국 전체가 새로운 지도자의 원대한 비전에 환호했고 꿈같은 일들이 일어났다. 런던 올림픽에서 2위를 했고 노벨문학상을 받았다. 항공모함도 처음으로 바다에 띄웠다.

2013년 중국은 부동산 가격 폭등으로 몸살을 앓았다. 평생 월급을 모아도 집 한 채 살 수 없는 현실에 중국인들은 절망했다. 스스로 "부동산이 미쳤다"라는 말을 내뱉었다. 특히 이제 막 사회생활을 시작하는 청춘들에게는 재앙이나 다름없는 집값이 사회 문제가 됐다. 그래서 2013년 올해의 한자는 집이라는 뜻의 '팡(房)'이었다.

2014년엔 본격적인 권력투쟁이 전개됐다. 시진핑은 법을 무기로 삼았다. "호랑이든 파리든 모두 법에 따라 때려잡는다"라는 말이 나왔다. 호랑이는 고위층이고 파리는 하급관리다. 부정부패에 연관되었으면 지위에 상관없이 법에 따라 처리하겠다는 뜻이었다. 실제 치외법권과 다름없던 공산당 고위 관료들이 줄줄이 낙마해 시진핑에게로 힘이 쏠렸다. '의법치국(依法治國)', 법 앞에 평등을 외치는 그에게 명분이 있었다. 그래서 '파(法)', 즉 법이 올해의 한자로 선정되었다.

2015년도 그 연장선에 있다. 공산당 간부와 군 고위층의 천문학적인 부정부패에 국민들은 분노했다. 집 안 창고에 감춰둔 금고와 현금 다발이 언론에 공개됐다. 세상 부러울 것 없던 권력을 가졌던 사람들이 하루아침에 수의를 입고 TV에 나와 자아비판을 했다. 시진핑은 그 분노를 등에 업고 정적들을 제거했다. 황제와 같은 권력을 눈앞에서 부렸다. 그 결과 2015년 올해의 한자는 청렴을 뜻하는 '리엔(廉)'이 차지했다.

한자문화권인 국가들은 올해의 한자를 매년 선정한다. 2016년, 일본은 쇠 금(金), 대만은 괴로울 고(苦)를 골랐다. 일본은 정치자금

스캔들로 들썩였고, 대만은 중국과의 분리를 주장하는 민진당이 집권하면서 시작된 중국의 경제 보복으로 골머리를 앓았다.

한국도 몇몇 단체들에서 올해의 한자를 선정하긴 한다. 하지만 우리는 올해의 사자성어가 좀 더 와닿는다. 대학교수들이 고른 2016년의 사자성어는 군주민수(君舟民水)다. 백성은 물, 임금은 배이니, 강물의 힘으로 배를 뜨게도 하지만 강물의 힘으로 배를 뒤집을 수도 있다는 뜻이다.

한자는 뜻글자이기 때문에 글자 하나로 세상을 읽는 것이 가능하다. 올해의 한자가 되기 위한 경쟁은 치열하다. 사전에 실리는 한자만 대략 5만 자에, 사용 빈도가 낮은 한자까지 합치면 8만 5,000자쯤 된다고 한다. 학자에 따라서는 10만 자가 넘는 것으로 보기도 한다. 그중 한 글자에 그해의 중국을 담는다. 물론 자주 쓰는 한자 중에 고른다. 중국 문자개혁위원회는 필수 상용한자를 3,500자로 정했으며 중국어 능력을 측정하는 시험인 HSK 최고 등급인 6급을 얻으려면 대략 5,000자를 알아야 한다고 본다.

한자를 초·중·고 정규 교육과정에 넣은 일본은 2,136자의 한자를 가르친다. 우리도 한자 교육과정이 있다 없다 들쑥날쑥하지만, 대체로 중·고교에서 1,800자를 배운다.

대륙을 통일한 중국 공산당에게 너무 많은 한자는 골칫거리였다. 공산당은 중국 5,000년 역사상 가장 큰 규모로 한자를 쉽게 바꾸는 작업에 착수했다. 마오쩌둥이 천안문 광장에서 중화

인민국의 성립을 발표한 것이 1949년 10월 1일인데, 문자개혁 협회를 만든 것이 10월 10일이다. 우선순위로 중요하게 여겼다는 얘기다.

몇 년에 걸친 연구 끝에 1956년 2,238개의 간화자(簡化字)를 발표했다. 한자의 필획을 줄이고 복잡한 글꼴은 생략하거나 새로 만들어 대체했다. 흔히 '지엔티즈(简体字, 간체자)'라고 부르는 지금의 중국 한자는 이때부터 시작한다.

고대부터 쓰던 한자는 '판티즈(繁体字, 번체자)'라고 한다. 지금 중국의 젊은 세대는 번체자를 거의 읽지 못한다. 반면 대만과 홍콩은 번체자를 그대로 사용한다. 길거리 간판부터가 중국 대륙과 다르다. 일본과 우리가 배우는 한자도 번체자다. 간체자는 고등학교 제2외국어 시간의 중국어 시간에 배울 수 있다.

처음 중국어를 배울 때 학창시절 힘들게 배운 한자와 모양이 다른 간체자를 또 배워야 한다는 것이 조금 억울했다. '왜 마오쩌둥은 시키지도 않은 일을 해가지고'라며 마오쩌둥을 원망했었다. "이러려고 힘들게 천자문을 배웠나" 하는 투덜거림도 어쩔 수 없었다.

하지만 마오쩌둥과 공산당의 의지가 중국을 바꿨다. 2차 대전이 끝날 때 중국의 문맹률을 70~80%로 본다. 인민들이 글을 쓰고 읽을 줄 알게 만들겠다는 목표는 한자를 간략하게 만들고 알파벳을 활용한 병음표기법을 도입하면서 달성됐다. 지금은 대부분의 인민들이 읽고 쓰는 것이 가능해졌다. 마오쩌둥의 어록을

비롯한 공산당의 지도 방침이 대자보를 통해 산간벽지까지 전해
졌다.

✖

글자 하나에 뜻을 담고, 네 글자를 모아 사자성어로 만들어 인
생사를 담는 한자의 역사는 반만 년이다. 기원전 16세기 상나
라, 은나라 때 거북의 등껍질에 새겼다는 갑골문까지 거슬러 올
라간다. 사물이나 동작의 형상을 본뜬 모양 위에 의미를 표현하
기 위해 덧칠하면서 하나씩 늘려간 것이 지금의 한자다. 글자는
시대를 담는다. 오늘도 새로운 현상을 표현하기 위한 글자가 어
디에선가 만들어지고 있다.

　글자와 함께 문명이 가능해졌다. 중국의 힘은 수천 년을 이어
온 한자에 있다. 문명의 기억을 문자에 담았다. 한자를 바탕으
로 중국인들은 버티고, 나라를 확장해갔다. 동서남북에서 몸을
일으킨 유목민들은 항상 중원을 노렸다. 말을 달려 장성을 몇
번이고 넘었다. 하지만 한자에 담긴 중화 문명의 벽을 넘지 못
했다. 글자 하나하나에 뜻을 담고 그 안에서 끝없는 사유와 철
학이 가능한 문명의 벽은 칼과 창으로 어찌할 수 없었다. 끊임
없이 경계했지만 나중에는 알면서도 홀렸다.

　그렇게 자신들의 글자를 지키지 못하고 중화의 문자를 받아

들인 민족들은 예외 없이 역사에서 사라졌다. 무대에서 퇴장할 때 그들의 영토는 중화의 땅이 되었다. 지금 현대 중국의 넓은 땅덩어리도 따지고 보면 만주족을 비롯한 북방 이민족이 말을 달려 손에 넣은 것이다.

우리가 한자 교육을 가지고 갑론을박하는 이유도 여기에 있지 않을까 생각을 한 적이 있다. 중화에 편입되는 것이 아닐까 하며 갖는 두려움이 도리어 한글에 대한 고집으로 나타난다는 추측이다. 우리말에서 한자가 차지하는 비중은 절반 이상, 많게는 7할을 넘게 보기도 한다. 한자로 풀이해야 뜻이 정확해지는 단어들이 허다하다.

관공서에서 많이 쓰는 '수의계약'이라는 말은 隨(따를 수), 意(뜻 의)를 모르면 외계어나 다름없다. 같은 전력이라도 戰力 · 電力 · 前歷 · 全力이 모두 다르다. 문맥으로 읽히는 것이 대부분이니 굳이 혼용하고 병기할 필요까지는 모르겠지만, 어원을 알고 있어야 말과 글이 풍성해지는 것은 부정할 수 없는 사실이다.

중화의 한자에는 수천 년간 축적된 방대한 문명이 녹아 있지만, 우리 한글은 만든 이가 분명한 세계 유일의 우수한 문자다. 한글을 바탕으로 우리 언어가 풍성해질 수 있다면 굳이 한자를 배척할 이유도 없다고 본다. 한글만 쓰는 신문이나 한자를 병기하는 신문이나 둘 모두 겹치고 섞은 후 읽어야 생각이 풍부해진다. 순혈보다는 혼혈이 건강하다는 것은 과학으로 증명된 사실이기도 하다.

중국, 한 걸음 더 들어가기

- 굳이 우리식 한자가 아니더라도 중국어의 한자와 우리말이 완전히 다른 것은 아니다. 북한 사람들이나 조선족 동포들이 "일 없습네다"라고 말하는 것을 들은 적이 있을 것이다. 무뚝뚝한 표정에 그런 말이 나오면 뜨악하지만 알고 보면 '괜찮습니다'라는 뜻이다. 중국어로 괜찮다는 말이 '메이싀(沒事)'다. 글자를 풀어보면 '일 + 없다'라는 뜻이다. 좀 더 따지고 보면 호기심을 넘어선 언어학의 영역이 된다.
  우리말을 세게 발음하면 중국어가 된다는 농담이 있다. 천안문은 톈안먼, 전화는 띠엔화, 우산은 위싼, 폭포는 푸뿌, 도서관은 투슈관, 두통은 토우텅. 이런 예가 수도 없이 많다. 중국식 한자어가 전래되어 어떻게 발음이 변화되었는지, 중국어와 한국어의 관계는 어떻게 되는지는 그 자체로 학문이다. 다만 이런 호기심에 더해 찾는 재미를 붙이면 중국어를 배우는 것이 좀 더 흥미로워진다.

- 수천 년 동안 사서삼경을 읊어야 행세를 했었고, 지난 반백 년은 잉글리쉬 디바이드(English Divide, 영어를 해야 사회적 지위가 높아진다는 속설)를 체감하며 살았다. 문자는 국력에 비례한다. 국제 정치는 평등했던 적이 없으며 문자는 그 불평등을 상징한다. 지금 한국에서 불고 있는 중국어 열풍이 이를 증명한다. 트럼프의 외손녀가 중국 당나라 때의 시를 줄줄 외우는 것이 화제가 된 적이 있다. 중국몽은 '한자몽'이기도 하다.

삼국지,
한 권으로 읽는 중국

#삼국지 #당시 #사자성어

# #

『삼국지』의 인기는
아시아에서 『성경』이나 불경에 비교될 정도다.
원조인 중국에서는 드라마, 영화, 만화, 강의 등으로
다양하게 소비되고 있다.

『삼국지』로 중국을 배웠다. 꽤 여러 번 읽었기 때문에 중국 땅을 밟기 전까지는 『삼국지』의 중원이 중국과 비슷하려니 했다. 낙양, 장안, 성도, 건업처럼 위·촉·오 삼국의 영웅들이 주로 활약했던 도시의 위치를 구글지도에서 찾아본 적도 있다. 관도와 적벽, 이릉 등 큰 전투가 있었던 땅이 궁금했고, 삼국이 쟁패를 벌이던 형주, 유비가 나라를 일군 익주가 어디쯤 있는지 궁금했다.

베이징에 처음 짐을 풀었을 때, 한번쯤 『삼국지』의 루트를 따라 대륙을 밟아봤으면 했는데, 찾아보니 이미 적지 않은 사람들이 답사를 했고 책으로도 몇 권 나와 있었다. 워낙 세세하게 기록한 분들이 많아 서점에 서서 중국 전역을 다닌 느낌이 들었다.

『삼국지』는 소설이다. 오랫동안 민간에서 입으로 전해지던 이야기를 엮었기 때문에 역사의 기록과는 다른 점이 많다. 유비를 중심으로 놓고 미화하다 보니 조조가 악의 화신으로 그려졌다든지, 제갈량이 신처럼 묘사됐다든지 하는 정도는 독자들에게도 잘 알려져 있다. 실제 역사적 사실과 『삼국지』의 내용을 조목조목 비교한 책도 있다.

그럼에도『삼국지』의 인기는 아시아에서『성경』이나 불경에 비교될 정도다. 일본과 한국에서는 물론 중국에서도 4대 기서로 꼽힌다. 나관중의『삼국지』, 시내암의『수호지』, 오승은의『서유기』와『금병매』. 이 네 작품이 가장 유명하다.

서점에 가면 유치원생용, 초등학생용『삼국지』도 있다. 중국어를 공부할 때 도움이 될까 해서 읽었었다. 뒷면에 "어린이들은 나라의 启蒙经典을 읽어야 한다"고 쓰여 있다. '启蒙'은 계몽이라는 뜻이고 '经典'은 고전이다. 가르치고 일깨우는 기초적인 교재로 보고 있다는 뜻이다.『삼국지』에 흐르는 충효와 의를 중시하는 사상은 유교와 몹시 닮았다.

『삼국지』를 읽다 보면 중국의 팽창도 읽을 수 있다. 만리장성 이북과 장강 이남은『삼국지』의 무대가 아니다. 중원이라고 하는 당시의 천하는 황하를 중심으로 해, 서쪽으로 쓰촨 정도를 포함할 뿐이다. 조조가 원소를 공격해 북방 4주를 평정했다고 하는 지역도 베이징 근처가 한계다.

요동이 나오기는 하지만 잠깐이며, 동북 3성은 아예 무대가 아니다. 서쪽도 시안에서 조금 나갈 뿐이다. 조금만 더 가면 동탁, 마초와 같은 서량 이민족의 땅인데 이 지방 사람들이 사나워 한족은 진출을 꺼렸다. 장강을 끼고 발전한 것은 오나라의 손씨 가문이지만 장강 이남으로는 뻗어나가지 못했다.

지금 중국 경제의 중심인 남방이 역사에 등장한 것은 한참 후의 일이다. 유비가 형주를 얻은 후, 장비와 조운을 시켜 얻었다는 남쪽의 4군 역시 장강 근처일 뿐이다. 우리에게는 칠종칠금(七縱七擒)의 고사로 알려진 남방은 쓰촨성 남부다. 그 지역을 다스리던 맹획이라는 걸출한 리더는 소설가의 붓끝에서 야만인으로 그려진다. 제갈량이 7번이나 사로잡았다 놓아준 후에야 한족의 질서 안으로 들어온다. 그때의 중원은 지금 중국의 절반 정도나 될까 한다.

지금으로부터 1,800여 년 전의 일이니 『삼국지』의 주요 무대도 실제 찾아가 보면 느낌이 매우 다르다. 뤄양(洛陽. 낙양)과 시안(西安. 장안)은 고도의 모습을 지니고는 있지만 현대 중국에서 차지하는 위상은 예전만 못하다. 그래도 서부로 진출하는 관문 역할을 하는 시안에 비해, 뤄양은 쇠락한 도시의 느낌이 강하다. 뤄양을 흐르는 황하의 물길은 여전하지만 이방인을 맞이하는 옛 거리는 현대 중국의 대도시에 비할 바가 못 된다.

조조가 자신의 세력을 구축했던 허창이나, 삼국이 쟁패를 벌여 결국 관우, 장비, 유비의 순서대로 죽어나갔던 형주는 지금은 지방의 소도시일 뿐이다. 먼지가 풀풀 날리는, 차선도 희미해진 길을 가다보면 시인은 아니지만 흐르는 시간과 인생무상에 대해 한번쯤 돌아보게 된다.

중국은 사자성어의 나라다. 뜻글자인 한자답게 네 글자로 함축한 성어나 시 한 수에 온갖 이야기를 담는다. 어릴 때부터 학교에서 당시 300수(唐诗三百首, 당나라의 유명 한시 300수)와 성어 300칙을 배우니 자연스럽게 몸에 익히게 된다.

술자리에서 건배사를 할 때, 당시 한 구절이나 적절한 성어를 하나 읊어주면 중국 문화에 대한 이해가 깊다는 인상을 주기 때문에, 주재원들 중에는 일부러 찾아 배우는 이도 있다. 『삼국지』에도 수많은 사자성어가 나온다. 『삼국지』가 천하를 다투던 인물들에 관한 이야기이기 때문에, 사람에 관한 성어 몇이 특히 기억에 남는다.

'비육지탄(髀肉之嘆)'은 유비가 형주의 유표에게 몸을 의탁했을 때의 일이다. 조조에게 쫓기는 신세였기 때문에 할 일도, 할 수 있는 일도 없던 시절이었다. 유표가 그런 유비를 불쌍히 여겨 저녁식사에 초대했다. 밥을 먹다가 잠시 화장실에 다녀온 유비가 눈물을 흘렸다. 전쟁터를 누빌 때는 말 등에 앉아 있는 시간이 많아 허벅지에 살이 찔 틈이 없었는데, 형주의 손님으로 무위도식하다 보니 살이 불어 있음을 한탄한 것이다. 비육(髀肉)은 살이 찐다는 뜻이다. 능력도 의지도 발휘할 기회를 얻지 못하는 현실에 대한 절망은 당시 형주 일대의 젊은이들에게 많이 회자됐다고 한다.

사자성어의 매력은 시대를 넘나드는 생명력에 있다. 비육지탄은 천 몇백 년을 돌아 지금의 한국에도 적용된다. '헬조선'이라고 불릴 만큼 고된 일상에 청년들은 절망하고 있다. 일자리가 절실한 그들이 느끼는 좌절감은 점차 세대갈등으로, 사회문제로 커지고 있다. 개인을 넘어서는 공동체의 비육지탄이다.

'삼고초려(三顧草廬)'와 '수어지교(水魚之交)'도 유명한 이야기다. 쫓겨오긴 했지만 유비는 황실의 인척이었고 당대에 이름난 명사였다. 유비의 수하였던 관우와 장비는 중원을 누비던 명장이었다. 그런 유비가 두 아우를 대동하고 어린 나이의 제갈량을 찾아간다. 집으로 갔는데 눈보라 치는 겨울에 두 번이나 허탕을 치고 세 번째에야 제갈량을 만나고 자신의 참모로 영입하는데 성공한다. 고(顧)는 돌아본다는 뜻이고, 초려(草廬)는 초가집이다. 제갈량이 살던 집을 세 번이나 찾아갔음을 알려준다. 인재를 얻기 위한 리더의 자세로 전해진다.

관우와 장비가 이런 제갈량에게 불만이 없을 리가 없었다. 그런 아우들에게 유비는 제갈량과의 관계를 물고기가 물을 얻은 것과 같다고 단언했다. 물과 물고기의 관계, 수어지교다. 유비가 47세, 제갈량이 27세 때의 일이었다.

전폭적인 주군의 신임 하에 결국 제갈량은 불가능할 것 같던 일을 해냈다. 적벽에서 이겼고, 쓰촨으로 들어가 촉을 개척했다. 유비가 죽은 후에는 그 뜻을 이어받기 위해 그의 아들을 보좌하며 집요하게 북벌을 단행했다. 결국 제갈량은 북벌 중 막사에서 죽었다. 자신을 알아준 리더에 대한 보답이었다. 어이없는 대통령을 뽑은 덕분에 예정에 없던 선거를 치렀던 우리 대선 후보들도 급작스러운 삼고초려에 정신이 없었다. 결국 처음부터 마지막까지 사람이 답이다. 정치를 하는 분들은 잘 안다. 그래서 '삼고'는 물론 '십고'도 마다하지 않는다.

'괄목상대(刮目相對)'도 있다. 관우가 형주에서 오나라의 공격으로 죽자, 유비는 이성을 잃는다. 제갈량의 만류에도 불구하고 촉의 전 병력을 동원한다. 이때 유비의 공격을 막아내야 할 오나라의 장수는 여몽이었다. 여몽은 그다지 활약이 없던 무명의 장수였다. 싸움에는 능하지만 책은 좋아하지 않았다. 그러자 여몽을 아끼던 오나라의 왕 손권이 학문을 소홀히 하는 것을 나무랐다.

한참이 흘러 적벽에서 제갈량과 함께 조조와 싸웠던 노숙이 여몽을 만날 기회가 있었다. 그런데 그동안 노숙이 알던 여몽이 아니었다. 학문에 대한 이해와 식견이 오나라 최고의 책사라는 노숙에 비교할 만했다. 노숙이 놀라자 여몽이 말했다. "선비를 사흘을 떨어져 있다가 대할 때는 눈을 비비고 다시 봐야 한다"라고 했다. 괄목(刮目), 눈을 비비고 상대해야 한다는 뜻이다. 결국 유비는 무명의 장수 여몽에게 대패했다. 전 병력을 잃고 실의에 빠져 있다 백제성(白帝城)에서 죽었다.

유비가 죽고 촉의 운명은 제갈량이 떠맡았다. 유비의 염원이었던 한나라의 재건을 위해 촉은 다시 병력을 동원해 북으로 국경을 넘었다. 상대는 조조의 위나라였다. 촉의 5배쯤 되는 영토를 가진 대국이었으며 군사도 물자도 애초에 위가 월등했다.

　다만 촉은 제갈량을 믿고 의지했다. 위의 군사들이 몰려오자 제갈량은 신임하던 장수인 마속에게 군사를 나눠줬다. 제갈량을 친구이자 스승으로 따르던 마량의 동생이었다. 하지만 마속은 제갈량의 지시를 따르지 않았다. 본인의 재주를 과신해 대패했다. 군사들이 거의 죽었고 본인만 무사히 빠져나왔다. 제갈량도 남은 병력을 이끌고 가까스로 철수했다. 1차 북벌은 이렇게 허무하게 끝났다.

　인재가 귀한 촉이었기 때문에 사람들은 마속을 살리고자 했다. 하지만 제갈량은 읍(泣), 울면서, 참(斬), 목을 베었다. '읍참마속(泣斬馬謖)'이다. 촉과 같이 국력이 약했던 나라가 위와 오의 틈바구니에서 살아남았던 이유 중의 하나는 이처럼 법 앞에 사정을 두지 않았기 때문이다. 제갈량은 법의 중요를 알았다. 규율이 무너지면 약소국이 살아남을 수 있는 길은 없다. 1,800년 전 제갈량도 알았던 일이다. 읍참마속을 몰랐던 지도자들이 어떻게 실패했는지를 역사는 계속 반복해 알려준다. 측근을 곁에 두고 법을 무시했던 위정자들의 말로는 최근까지도 마찬가지다.

　『삼국지』는 읽어야 한다는 사람도 있고, 읽지 말아야 한다는 사람도 있다. 세상의 지혜가 담겨 있다는 옹호도 있고, 처세의 꾀만 늘어난다는 비판도 있다. 그 안에 담긴 중화를 경계하자며 꼬집기도 한다. 책을 읽는 데 정해진 방법이 있을까? 각자의 방법대로 읽으면 된다.

나는 사자성어로 읽어보는 방법을 권하고 싶다. 서울에 앉아 『삼국지』를 읽을 때는 중국이 궁금했는데, 베이징에 앉아 다시 『삼국지』를 펴니 한국의 상황이 떠올랐다. 그 안에 담긴 성어만 제대로 이해하고, 좋은 뜻만 취해 적용했더라면 2016년 겨울의 혼란이 없었을 것이라는 부질없는 생각이 스쳤다.

중국, 한 걸음 더 들어가기

중국은 철학과 사유의 나라다. 문화대혁명의 광풍 속에 주춤하긴 했지만, 수천 년 역사를 통해 글자 하나, 책 한 권에 사상을 담아 전해온 나라다. 중국에서 종교가 힘을 못 쓰는 이유가 공산당의 배척에도 있겠지만, 혹 종교가 비집고 들어갈 틈을 주지 않을 만큼 그들의 생각이 깊어서가 아닐까 하고 생각한 적이 있다. 중국인의 사유에 대한 쉬운 접근 중의 하나가 사자성어인 듯하다. 대화에서 적절히 사용하면 상대방의 눈빛이 달라짐을 느낄 수 있다.

시진핑,
대륙을 호령하는 현대판 시황제

#시진핑 #보쉬라이 #태자당 #반부패 #중국몽 #일대일로

# #

시진핑은 한 손엔 반부패라는 채찍을,
한 손엔 중국몽과 일대일로라는 비전을 들었다.
이를 통해 덩샤오핑 이후
가장 강력한 1인 권력을 구축해나가고 있다.

　　　　　　　　장막 뒤의 일을 구경꾼이 짐작하
기는 쉽지 않다. 2012년 2월, 쓰촨성 청두의 미국 총영사관 안
으로 차 한 대가 미끄러지듯 급하게 들어갔다. 불안한 표정으로
주위를 살피던 차의 주인은 왕리쥔, 충칭시 공안국장이다. 나는
새도 떨어뜨린다는 당대 최고의 권력자이며 충칭의 당서기인
보시라이의 최측근이었다.

　각국의 언론이 충격 속에 급하게 속보를 타전했다. 보시라이
가 무장 병력을 동원해 왕리쥔의 신병을 확보하려 하면서 유혈
충돌 직전까지 상황이 급변했다. 다른 사람도 아닌 보시라이였
다. 중국의 8대 혁명 원로인 전 부총리 보이보의 아들이며, 혁
명 2, 3세들을 일컫는 '태자당'의 핵심이었다. 카리스마도 강했
다. 당서기로 있던 충칭은 '보의 왕국'으로 불릴 정도였다.

　공산당의 3대 계파로 꼽히는 태자당과 상하이방, 공산주의청
년단이 후진타오의 후계를 선정하는 2012년 당대회를 앞두고
신경이 곤두서 있을 때 일어난 일이었다. 상하이방은 장쩌민 전
주석, 공산주의청년단은 후진타오 당시 주석의 계파다.

　결국 사건은 아내의 살인 사건과 보시라이의 뇌물수수가 얽

혀 한 편의 드라마처럼 마무리됐다. 보시라이는 무기징역을 선고받았다. 하지만 그날 장막 뒤의 일은 여전히 안개 속이다. 시간이 지나 어떤 진실이 밝혀질지 아직 의문형이다.

한바탕 피 냄새를 뒤로하고 중국은 차세대 지도부를 선출했다. 장막을 걷어내며 등장한 이는 시진핑이었다. 그 역시 태자당이다. 혁명 원로 시중쉰의 둘째 아들로, 상하이 당서기를 지내며 두각을 나타냈다.

시진핑은 문화대혁명 때 아버지가 권력 투쟁에 패배해 농촌으로 쫓겨가 힘든 노동을 하며 청소년기를 보냈다. 돼지 똥을 치우고 거친 잡곡밥을 먹으며 전기도 제대로 들어오지 않는 토굴에 살았다. 숙청 당한 집안의 멍에를 온몸에 짊어졌다. 시련을 이겨낸 사람은 단단해진다. 시련은 단련의 다른 이름이다. 옆집 아저씨 같은 외모의 시진핑의 내면엔 그런 반전이 숨겨져 있다.

중국 공산당은 덩샤오핑 이래 각 계파가 절묘하게 힘을 분배했다. 견제와 균형으로 지도부를 유지했다. 마오쩌둥과 덩샤오핑만 절대 권력을 휘둘렀다. 뒤를 이은 지도자는 모두 집단지도체제의 대표라는 위상을 가졌고 후진타오 역시 마찬가지였다. 공산당 중앙정치국 상무위원 7명 중 첫 번째 순위에 불과했다.

주석이었지만 끊임없이 장쩌민 전 주석 계파의 견제를 받았다. 간혹 그 일화들이 장막 밖으로 흘러나오곤 한다. 상하이방이 군사권을 움켜쥐고 후진타오를 견제했다는 것이 그것이다.

저우융캉이 후진타오를 골탕 먹였다는 소문이 활자화됐다. 중국의 황제는 7명이라는 말이 나돌았다. 후진타오와 공청단에서 밀던 리커창을 제치고 주석이 된 시진핑 역시 그런 견제와 타협의 산물일 거라는 추측이 난무했다.

반전은 오래가지 않았다. 문화대혁명 속에서 살아남은 시진핑이었다. 시작은 누구도 반대하기 힘든 명분의 반부패(反腐敗)였다. 경제성장이 급속히 이루어지면서 공산당은 돈맛을 알아갔다. 자고 깨면 돈 보따리를 싸들고 찾아오는 기업가들에게 안방을 내준 관리들이 허다했다. 처음엔 지방의 하급관리들이 대상인가 싶었고 집권 초의 의례적인 바람일 거라며 비웃는 이들도 있었다. 하지만 시진핑의 바람은 매섭고, 그치지 않았다. 점차 고위직들이 걸려들었다.

중앙통일전선부 부장 링지화와 중앙군사위원회 부주석 쉬차이허우가 낙마했다. 링지화는 후진타오 전 주석의 최측근이었고, 쉬차이허우는 장쩌민 전 주석이 장악한 군부의 핵심이었다. 급기야 저우융캉이 제물이 됐다. 상무위원은 처벌하지 않는다는 관례에도 시진핑은 아랑곳하지 않았다. 모든 계파가 숨죽이며 시진핑 밑에 바짝 엎드렸다.

시진핑은 저우융캉을 비롯해 반부패에 걸려 낙마한 인사들을 TV 화면에 세웠다. 사람들이 현대판 문화대혁명이라며 웅성댔다. 저우융캉이 재판정에서 진술하는 과정이 여과 없이 전파를 탔다. 7인의 황제 중의 한 명이었던 상무위원이 "제가 저지른 범죄 사실이 당의 사업에 손실을 줬다는 점을 깨달았습니다. 다시 한 번 죄를 인정하고 후회합니다"라며 고개를 떨궜다.

CCTV는 공산당 중앙기율검사위원회와 공동으로 반부패에 관한 다큐멘터리를 〈영원히 계속된다〉라는 제목으로 방송했다. 많은 사람들이 시진핑이 홍군기념관을 다녀가면서 "대장정은 영원히 계속된다"라는 말을 했던 것을 떠올렸다. 집을 수색했더니 애완동물을 돌보는 보모를 따로 두고, 현금 몇 백억과 금괴가 쏟아져 나왔다는 관리들의 부패가 주 내용으로 다뤄졌다. CCTV가 8부작으로 만들어 전국에 방송했다.

✖

봉건시대에서 왕조의 역사는 곧 왕의 역사였다. 왕이 가리키는 손가락의 끝을 후손들은 역사로 기록했다. 반부패의 칼을 휘둘러 권력을 다진 시진핑의 다음 수순은 미래였다. 시진핑은 '쭝궈몽(中国梦, 중국몽)'과 '이따이루(一带一路, 일대일로)'를 말했다.

그가 제시한 미래를 향해 전 중국이 일사불란하게 움직이고 있다. 중국몽은 글자 그대로 중국이 세계의 중심이었던 시절의 대한 향수다. '중화의 꿈을 다시 이루자'는 슬로건이다. 처음 수업을 듣기 위해 문을 열었던 대학 건물 안에 선명했던 "중국몽"이라는 글자가 인상적이었다.

TV나 라디오에서 쉴 새 없이 프로그램과 노래, 공익광고로 중국몽을 합창한다. 서점에는 중국몽에 대한 책이 죽 깔렸다. 길거리에는 무슨무슨 꿈이라는 선전 표어나 전광판 일색이다. 강국의 꿈, 민족의 꿈, 우주의 꿈, 해양의 꿈 모두 중국의 꿈을 향한다.

2012년 11월, 국가박물관에서 '부흥의 길'이라는 전시회를 참관한 후, "중화 민족의 위대한 부흥을 실현하는 것은 근대 이후 가장 위대한 중화 민족의 꿈이다"라고 시진핑이 말하자 중국몽은 국가적 목표가 됐다.

중국몽이 총론이라면 '일대일로'는 각론이다. 시진핑은 구체적인 전략을 제시하는 것을 잊지 않았다. '하나의 띠와 하나의 길'이라는 뜻이다. '하나의 띠'는 육상 실크로드를 말한다. 중국 서부에서 중앙아시아를 거쳐 유럽으로 가는 길이다. '하나의 길'은 해상 실크로드다. 남중국해로 나가 인도양을 거쳐 아프리카를 잇는 바닷길이다.

이를 통해 그동안 중국의 고도성장에서 소외됐던 서부와 신장과 남부의 윈난성, 극동의 동북3성을 새로운 성장 동력으로 활용할 수 있다. 시진핑이 그리는 일대일로는 주위로 60개 국가를 지난다. 이들을 포함한 거대 경제권이 궁극적인 목표다. 거미줄처럼 뻗어나갈 고속철도망과 금융의 통합이 일대일로를 뒷받침한다. 2049년 사회주의 신중국 100주년에 전 세계에 보여줄 하나의 훈장이 될 것이다.

정의의 여신은 양손에 칼과 저울을 들었다는데, 시진핑은 한 손엔 반부패라는 채찍을, 한 손엔 중국몽과 일대일로라는 비전을 들었다. 이를 통해 덩샤오핑 이후 가장 강력한 1인 권력을 구축해나가고 있다. 동시에 지금의 중국을 읽는 가장 강력한 키워드다. 시진핑의 말 한마디가 바로 중국을 결정짓는다.

하지만 지금의 순항이 언제까지 계속될지는 역시 모르는 일이다. 현대 중국의 권력 투쟁을 조금이라도 알고 있는 사람이라면 더욱 그렇다. 마오쩌둥 사후 사인방의 몰락은 한순간이었다. 하루저녁 반나절 만에 사인방이 모두 체포되면서 문화대혁명이 허무하게 막을 내렸다.

1978년, 실각했던 덩샤오핑이 다시 등장하자 서방 언론은 긴급 속보로 대륙의 권력이 교체됐다고 타전했다. 지금도 장막 뒤에서 어떤 대회전이 벌어지고 있는지는 알 길이 없다. 누가 다시 경적을 울리며 미국 영사관으로 뛰어들지 모른다는 얘기다.

중국, 한 걸음 더 들어가기

- 권력의 암투와는 별도로 시진핑에 대한 중국인들의 태도는 호의적이다. 이방인이 그들의 속내를 듣기는 어렵지만, '시따따(习大大)'라는 애칭이 있다는 기사를 보면 인기가 있는 것은 사실인 듯하다. 시진핑 아저씨라는 뜻인데, 시 주석의 팬클럽 회원들이 부르던 말로, 산시성에서 쓰는 말이라고 한다. 산시성은 시진핑이 문화대혁명 때 쫓겨가 노동을 했던 곳이다. 한편 최근 중국 당국이 '시따따'라는 호칭의 사용을 금지했다는 보도가 있었다.

- 시진핑이 문화대혁명 때 고생을 했다는 이력은 그의 소탈한 이미지를 만드는 소재가 된다. 시진핑은 불쑥 서민들이 즐겨 찾는 식당을 찾아가는 모습을 보여준다. 현지 시찰을 나가면 사채일탕(四菜一汤), 네 가지 반찬에 국 한 그릇이 전부다. 볶은 고기와 채소를 현지인과 둘러앉아 먹는다. 2013년, 시진핑이 찾아 식사를 했던 칭펑(庆丰) 만둣집도 유명하다. 시진핑은 평범하게 줄을 서서 고기만두와 야채볶음을 주문해 먹었고 21위안을 계산했다. 지금 이 만둣집에는 '시주석 세트'를 맛보려는 사람들로 장사진이다. 정치인의 계산된 연출이겠지만, 시진핑이 보여주는 흡인력은 부인할 수 없다.

- 시진핑이 참석하는 행사, 뱉어내는 말 한마디가 정부의 정책이 되다 보니 관심이 갈 수밖에 없다. 2016년 12월 6일, 시진핑은 혁명 원로였던 완리를 기념하는 행사에 참석했다. 완리는 안후이성의 서기를 지냈다. 개혁개방을 지지했던 당 간부다. '要吃粮, 找紫阳, 要吃米, 找万里'라는 말이 있다. 식량이 필요하면 조자양(개혁개방을 지지하다가 실각한 중국 정치인)을 찾고, 쌀이 필요하면 완리를 찾으라는 말이 있을 정도로 서민들의 신뢰를 받던 인물이다. 중국 경제가 좌우 어느 쪽으로 기울지 촉각을 곤두세우던 전문가들은 시진핑의 동선 하나에 정책의 단서를 찾는다.

PART
4

중국 속의 한국,
기로에 선 한중관계

한한령,
한류 금지령을 둘러싼 그들의 속내

#한한령 #한류 #사드 #한중수교25주년

# #

사드문제에 한한령이 겹치면서
한중관계가 급격히 얼어붙었다.
한중수교 25주년을 맞았는데,
축제는커녕 폐장 분위기로 관계자들이 울상이다.

베이징에 온 지 한 달 남짓이 지나면서 중국어 공부라도 할 요량으로 습관적으로 중국 포털인 바이두를 봤다. 실시간 인기검색어도 있고, 훑어 내려가면서 지금 중국에 이런 일이 있음을 대략이라도 짐작하는 재미가 쏠쏠했다.

간혹 한국 관련 뉴스가 눈에 띄면 중국인의 시선은 어떤가 싶었다. 한동안 사드(THAAD)배치를 두고 이런저런 기사들이 많았다. 그런데 여름이 한창으로 가면서 눈길을 끄는 단어가 자주 보였다. '한한령(限韓令)', '한류를 제한한다'쯤으로 번역하면 될까? 한류로 일컬어지는 한국 연예인과 한국 콘텐츠 전반에 대한 압박을 의미하는 말이다.

시작은 2016년 7월 말로 기억된다. 홍콩의 매체들이 사드로 인해 중국 내 한류에 문제가 생겼다고 보도했다. 그 즈음 SNS를 통해 그럴듯한 내용들도 유포됐다. 주로 중국 소재 한국법인의 정보 보고라는 형식을 띄고, 상당히 구체적인 연예인들의 명단과 프로그램 이름들이 돌았다. 광전총국에서 각 성의 방송국에 유선으로 지시를 내렸다더라, 이미 허가가 난 프로그램은 한국 연예인들의 출연 분량을 편집하고 있다더라, 추진하던 계약들은 백지화하고 관망한다더라, 주로 이런 내용들이었다.

한동안 실체 없이 입에서 입으로 떠돌던 유령은 찬바람이 불기 시작하면서 본격적으로 모습을 드러냈다. 성악가 조수미의 중국 공연 취소 소식이 크게 보도됐다. 그녀는 직접 SNS에 글을 올렸다. "그들의 초청으로 2년 전부터 준비한 공연인데, 취소 이유조차 밝히지 않았다"고 썼다. "국가 간의 갈등이 순수 문화예술 분야까지 개입되는 상황이라 안타까움이 크다"고 했는데, 광저우 공연이 잡혀 있던 조수미에게 비자가 발급되지 않았던 것이다. 꾸이저우성에서 중국 오케스트라와 협연이 잡혀 있던 피아니스트 백건우에게도 비자는 발급되지 않았다. 공연은 무산됐다.

순수예술마저 한한령의 대상인가 하는 한탄과 분노가 쏟아졌지만, 지난 1년여 이미 방송가는 숱한 일을 겪었다. 사람과의 관계가 중요한 업계의 특성상 쉬쉬하기 마련인데도, 공개된 사안만 여럿이다. 중국판 〈나는 가수다〉에서 우승하며 인기를 끌었던 황치열이 출연한 방송에서 모자이크로 가려졌고, 그런 그의 모습이 캡처돼 바이두를 비롯한 포털에 떠돌았다.

〈태양의 후예〉가 기록한 44억 뷰에 육박하는 41억 뷰를 달성했지만, 〈함부로 애틋하게〉의 주인공 김우빈과 수지의 중국 팬미팅은 취소됐다. 이영애의 복귀작으로 제2의 〈대장금〉을 기대했던 〈사임당〉은 중국 심의를 통과하지 못하고 결국 한국에서 먼저 방송을 시작했다.

베이징에서도 방송일 하는 사람들을 만나 보도되지 않은 '팩트'를 들을 기회가 종종 있었는데, 중국인 한국인 가리지 않고 어려움을 토로했다. 겪은 일이라며 털어놓은 것이 꽤 된다.

『장띠미마(藏地密码)』라는 중국 소설이 있는데, 원작의 인기를 바탕으로 웹드라마로 만들어졌다. 영화 〈런닝맨〉을 찍은 조동오 감독을 비롯해 한국 스태프들이 촬영과 조명 등 제작 전반을 책임졌다. 그런데 공개를 앞두고 급작스럽게 자막을 수정하느라 중국 제작팀이 애를 먹었다. 한국 스태프들의 이름을 모두 빼라는 구두 지시를 받았다고 했다. 결국 연출과 촬영감독 이름이 빠진 채로 공개됐다. 한국 제작진을 넣어 홍보하려던 계획이 엎어졌다며 울상이었다.

〈비정상회담〉 등 한국 예능 프로그램을 베껴 재미를 보던 제작사의 대표는 아예 몇 개월 쉬겠다며 미국으로 장기 휴가를 떠났다. 그는 "정부의 방침이 정해지면 1년은 간다"라는 말을 남기고 떠났다.

중국을 드나들던 한국 '방송쟁이'들도 곤란하게 됐다. 한국에서 함께 작업하던 촬영팀을 가을에 베이징에서 만났었다. 인기예능 프로그램의 중국 버전을 제작하는데 한국 촬영팀이 들어와 작업을 했다. 아파트를 잡아줬고 페이도 좋았다. 반응이 좋아 시즌2가 결정됐다고 했다. 새해에 다시 들어온다며 신년회 메뉴를 가지고 옥신각신하다가 돌아갔다.

하지만 신년회는 하지 못했다. 중국 제작사에서 일방적으로 협의를 파기했다. 몰래 한국 스태프들이 들어와 제작을 하는 것이 아닌지 공안이 호텔을 뒤진다는 흉흉한 소문도 돌았다. 확인할 수는 없었지만 범죄자도 아니고 화가 치밀어 오른다고 했다.

여전히 공식적인 지침은 없었다. 중국은 주지하다시피 언론과 문화산업에 대한 통제가 존재하는 나라다. 호텔에 투숙하면 정부의 지침에 의해 구글과 페이스북, 유튜브, 《뉴욕타임스》와 《블룸버그(Bloomberg)》는 접속이 안 된다는 안내문이 친절하게 써 있는 나라다. 그러니 만약 한한령이 실재한다면 확실한 근거는 중국 광전총국의 공식 지침이나 언급일 텐데, 찾을 수 없었다.

한류에 관심이 많은, 박사과정 중인 중국인에게 묻자 정부의 공식 지침은 '关于~(~에 대하여)'로 시작하는 형식을 띄고 발표되는데 '한한령'이라는 말은 이상하다며 실제로 있는지 오히려 되물었다. 중국 매체들도 공히 "文件(문건)은 없다"라는 표현을 쓰고 있었다.

하지만 다들 알고 있다. 이른바 '잠규칙(潛規則)'이다. 삼성 중국 법인에서 오래 근무한 류재윤의 책에서 '현규칙'과 '잠규칙'을 이해하라는 글을 읽은 적이 있다. 눈에 보이는 법과 규칙이 현규칙이라면 중국 사회를 실질적으로 움직이는 비제도적 규제, '잠규칙'을 잘 알아야 한다는 내용이었다. "당과 지도부의 방침을 암묵적으로 이해하고 알아서 움직이는 것이 중국 사회"라고 그는 말했다.

더불어민주당 의원들이 중국을 찾았다. 의원단을 맞은 쿵쉬 안유 외교부 차관보가 '중국 국민이 사드를 심각한 문제로 생각 하는데, TV에 한국 연예인 일색이면 좋아하겠느냐'는 취지의 말 을 했다. 방송국이나 제작사나 행간을 읽는 데는 선수들이다. 문화도 당이 지도하는 사업의 하나인 나라다.

매주 금요일 광전총국 회의실에 각 방송국 관계자들이 모여 지시 사항을 하달받는데, 녹음도 메모도 허용되지 않는다는 얘 기를 복수의 업계 관계자에게 들은 적도 있다. 공식적인 항의에 는 원론적 입장만 되풀이하며 빠져나가면 그만이다.

그래도 이 소동 속에서 눈여겨봐야 할 지점은 분명 있다. 막 연하게 유통되는 한한령 밑바닥에 흐르는 중국인들의 온도, 소 비자들의 시선이다. 그들 역시 한한령이 있는지 무척 궁금해 했 고 갑론을박 떠들어댔다.

그런데 중국인들이 몇몇 한국 연예인들에게 실제로 분노하기 도 했다. 만리장성을 소재로 삼은 박보검의 광고가 그랬고, 중 국 지도를 배경으로 하면서 하이난과 대만을 빼먹은 지석진이 한동안 입방아에 오르내렸다. 한한령과 묶어서 '거 봐라'라는 식 의 기사도 있었다. 한한령이 위로부터의 제재라면 이들의 혐한 은 밑으로부터 제재일 텐데 기세가 심상치 않았다.

중국과 필리핀, 베트남 등 여러 나라가 얽힌 난사군도(南沙群 島)를 둘러싼 영토분쟁에서 보듯, 이들의 애국주의는 때로는 섬 뜩할 정도다. 관이 주도한다고 색안경을 끼고 볼 수만은 없는 장면을 쉽게 목격할 수 있다.

생글거리며 중국어를 가르치던 강사에게 한 외국학생이 난사군도를 언급하자, 눈을 똥그랗게 뜨면서 "中國一点都不能少(중국은 한 점도 작아질 수 없다, 난사군도가 중국의 영토임을 표현하는 말)"라고 말하는 것이 인상적이었다.

한국 드라마에 푹 빠져 사는 한 여학생은 박보검을 좋아했는데 지금은 싫어졌다고 하면서 "타오옌(讨厌)"이라는 표현을 썼다. 꼴 보기 싫다, 얄밉다는 뜻이다. 자기들이 좋아해주고, 벌어가는 돈이 얼마인데 중국을 모욕할 수 있냐는 말도 했다. 그러고는 "国家面前无偶像(국가 앞에 우상 없다, 좋아하는 한국 연예인보다 국가가 우선이다)"라는 말을 또박또박 알려줬다. 슈퍼주니어 팬클럽 이름을 위챗 아이디로 쓰고 있는 학생이었다.

✖

본인들이 당한 상처에 대해 반드시 보복하는 중국 특유의 복수문화도 엿보인다. 춘추전국시대 오나라의 부차와 월나라의 구천은 복수를 잊지 않기 위해 매일 쓸개를 빨고 장작더미에서 잠을 잤다. "10년이 걸려도 복수는 해야 한다"고 스스럼없이 말하는 중국인들에게는 그 DNA가 있는지도 모른다.

중국의 반체제 인사인 류샤오보에게 노벨평화상을 준 노르웨이는 연어 수출 시장을 잃었고, 남중국해를 문제 삼아 중국을 제소했던 필리핀은 바나나와 망고를 창고에서 썩혀야 했다. 달라이 라마를 초청했던 몽골에게는 국경을 지나는 차량에 통행세를 부과했다. 수천 년이 지났지만 당한 만큼 돌려주는 중국의 보복은 여전하다.

출구가 멀어 보이기 때문에 관계자들의 고민은 깊어간다. 애초 사드는 안보의 문제이기 때문에 변수로 삼을 일도 아니었다. 무엇이 해법일까? 저마다의 셈법은 다르다. 시사 프로그램을 제작할 때 문제가 안 풀리면 현장으로 가라고 독촉하던 선배가 있었다. 그렇다면 한한령 이후 우리 콘텐츠를 소비하는 중국인들의 움직임을 체크해보는 것이 중요할 것이다.

체감하는 한류의 인기는 여전하다. 〈도깨비〉는 물론이고 〈푸른 바다의 전설〉도 그렇다. 한국 스타들의 출연을 제한한다고, 광고에서 뺀다고 하지만, 음으로 양으로 한국 스타들은 대화에서 화제가 된다.

따지고 보면 한류는 한계에 부딪힐 때마다 한 단계 앞서 나가며 오늘을 만들었다. 중국은 한국 드라마의 인기가 치솟자 황금 시간대 방영을 제한했고, 이어 공중파에서도 볼 수 없게 만들었다. 예능 프로그램이 인기몰이를 하자 포맷 구입을 규제했다.

사드가 아니었어도 대중문화를 선전·선동의 도구로 보는 중국 정부는 주기적으로 장벽을 치기에 바빴다. 그럴 때마다 한류는 새로운 수익 모델을 만들어가며 여기까지 왔다.

문화에서 자율을 중시하는 쪽과 통제를 중시하는 쪽의 파열음인 것이다. 어느 쪽이 먼저 지칠지는 경험으로 알 수 있다. 오히려 늘 그러했듯 다시 한 단계 도약하는 시기로 삼아야 할 것은 우리다.

매체 환경이 급격히 변하고 있다. 대륙은 2016년 왕홍이 휩쓸면서 모바일 콘텐츠 바람이 불었다. 드라마를 막고 예능을 규제하는 것이 예전만큼 강력한 장벽이 될 수 없을지도 모른다. 당장의 손익계산서를 두드리기보다는 시장을 놓지 않고 조용히 업그레이드를 준비하는 것이 필요하다.

다만 아쉬운 것은 잠규칙에 대처할 전문가의 부재다. 이번 사태를 통해 여실히 드러났다. 물밑에서 이뤄지는 규제라면 그 해법도 일정 부분 물밑에서 찾아야 할 텐데, 양국을 오가며 부지런히 술잔을 기울여야 할 전문가들의 활동은 좀처럼 듣지 못했다. 오히려 "한중수교 25년인데 이리도 해결사가 없나"라는 한탄을 들으면 들었다.

사드는 시작이다. 힘이 넘치면 밖으로 뻗는다. 중화의 질서를 구축하려는 중국의 칼끝이 언제 어떤 모습으로 한국을 향할지는 모르는 일이다. 중국에서 꽤 큰돈을 담아간 사람들이 여럿이다. 그들 중에 몇이나 중국통의 이름을 달고 있는지, 막힌 곳을 뚫기 위해 선뜻 나설 수 있는 사람들은 몇이나 있는지. 한중관계를 반추해보는 거울이 됐다면 오히려 한한령은 늦지 않은 보약이 될 수도 있을 것이다.

항일,
역사의 칼날로 민심을 움직이다

#항일전쟁 #팔로군 #홍군 #최후일전 #난징대학살 #위대한중국

# #

중국 국가박물관에 일본군의
난징대학살을 묘사한 그림이 전시되어 있다.
공산당은 항일전쟁에 대한
기념과 교육을 게을리하지 않는다.

해가 지고 길을 걷는데 어떤 여자가 갑자기 경례를 했다. 경례와 함께 뭐라 하는데 서툰 귀에 들릴 리가 없다. 재빠르게 여자를 훑어보는데 군복을 입었다. 그런데 요즘 군복이 아닌 영화나 드라마에서 보던 옛날 군복이다. 그 옆으로는 생뚱맞게도 탱크와 군용 오토바이 축소 모형이 있었다. 알고 보니 캉르어주티찬팅(抗日主題餐厅, 항일전쟁을 주제로 한 식당)의 호객꾼이었다.

마오쩌둥 시대의 향수를 가진 사람들을 겨냥, 예전 공산당의 소품을 이용해 인테리어를 한 식당이 유행이라는 기사를 본 기억이 났다. 이곳은 좀 더 예전으로 거슬러 올라갔다. 항일전쟁은 1937년 일본군의 침략으로 시작해 1945년 제2차 세계대전의 종전과 함께 끝난 중국과 일본 사이의 전쟁을 말한다.

술집 지하로 들어가는 긴 복도는 당시의 전투를 재현해놓은 벽화들로 덮여 있었다. 종업원들은 모두 당시의 것으로 추정되는 군복을 입고 눈이 마주치는 손님에게는 경례를 했다. 모니터에서는 항일전쟁 시기를 다룬 영화를 볼 수 있었다.

당시에 쓰던 소총, 수류탄, 깃발은 물론이거니와 전투의 한 장면을 옮겨놓은 듯한 밀랍인형을 보면 박물관에 온 기분마저 들었다. 술을 먹다 흥에 오른 손님들이 군모를 쓰고 사진을 찍을 수 있게 꾸며놓은 곳도 있었다.

중국에 처음 정착해 TV를 샀을 때의 기억이 겹쳤다. 어린이 채널인 CCTV 14번은 만화나 어린이 드라마를 위주로 한다. 뉴스가 들릴 리 없는 중국어 초보였으니, 한동안 아침에 눈을 뜨면 14번 채널이 고정이었다. 한국에 있을 때 딸들에게 보여주던 〈페파 피그(Peppa Pig)〉라는 만화를 아침 7시 반에 해줬는데, 더빙된 중국어와 한국에서 듣던 영어를 짜맞춰가면서 보는 재미가 있었다.

그런데 얼마 후부터 편성이 바뀌었다. 다른 중국 만화가 그 자리를 차지했다. 내용이 항일전쟁이었다. 마을에 개구쟁이 소년들이 살고 있다. 흔한 시골 마을의 까불대는 소년들이다. 그러던 중 항일전쟁 시기 공산당의 군대였던 팔로군(八路軍) 청년이 헤진 군복을 입고 마을로 쫓겨 들어온다. 곧 앞잡이 친일파 중국인을 앞장세운 일본군이 마을에 들이닥치자, 개구쟁이 소년들이 중심이 되어 팔로군 청년을 숨기고 일본군과 싸운다는 내용이었다. 처음 한두 회만 봐도 결말은 쉽게 예측할 수 있었다. '일본군을 따돌린 소년들은 용감한 홍군(紅軍)이 되어 다시 전장으로 나아간다' 정도 아닐까?

친일파는 간사하게 생겼고 일본군은 교활하고 포악스럽게 그렸다. 팔로군은 당연 우리가 독립투사를 보는 느낌이었다. 묘사도 구체적이었다. 일본군이 마을 사람들을 모아놓고 총칼로 위협한다든지, 전투가 벌어져 피가 튀는 장면은 아동용 만화인데 심의도 없나 생각이 들 정도였다.

2015년, 중국 관영 신화통신이 선정한 올해의 유행어에는 항일전쟁 승리 기념 군사퍼레이드인 '따웨삥(大閱兵, 규모가 큰 열병식)'이 선정되기도 했다. TV에서 워낙 항일을 다룬 드라마를 많이 하기도 하는데, 우리에게 낯익은 배우 추자현이 출연한 적도 있다.

군복을 입은 그녀의 모습이 매력적이었던 드라마는 〈최후일전(最后一战)〉이라는, 제목부터가 너무도 주제가 뚜렷한 드라마였다. 추자현은 정략결혼에 반대해 집을 뛰쳐나간 후 팔로군에 들어가는 애국적인 중국 여인을 연기했다. 동 시간대 시청률 1위는 물론, 연일 최고치를 경신했다고 화제였다.

시청률의 여왕이라는 최고의 여배우가 팔로군 군복을 입는 나라, 항일이 넘치는 중국의 현주소다. 어린이들은 아침에 일어나자마자 일본군과 싸우는 영특한 소년들을 다룬 만화를 보면서 노래를 따라 부르고, 어른들은 늦은 밤 군복을 입은 종업원들의 경례를 받아가며 밥을 먹고 술을 마신다.

✖

항일에 대한 붐은 상당 부분 관이 주도한다. 2015년 항일전쟁승리 70주년을 맞아 광전총국이 애국과 반파시즘 프로그램의 편성을 각 방송사에 지시한 것이 대표적이다.

그 한마디에 중국 시청자들은 황금시간대에 항일 드라마를 볼 수밖에 없었다. 대대적인 열병식과 함께 천안문 광장에 외국 정상들을 공들여 불러 모은 것도 그 연장선이다. 일본의 역사 왜곡에 강경한 시진핑 지도부와 전쟁의 기억을 지워버리기로 작심한 듯 폭주하는 아베 총리의 충돌이기도 하다.

2014년 중국 전국인민대표회의(약칭 전인대, 全人大, 우리의 국회에 해당)는 9월 3일을 '중국인민항일전쟁승리기념일'로, 12월 13일은 '난징대학살사망자 국가추모일'로 지정했다. 항일이 법정기념일이 된 것이다.

일본 역시 미국과의 견고한 동맹을 바탕으로 한 발짝도 물러서지 않고 있다. 아베 총리는 야스쿠니 신사를 찾는데도 거침이 없고, 전범들을 '조국의 주춧돌'이라며 칭송하는 망언을 쏟아내기도 했다. 8월 15일을 패전일이 아닌 종전일이라고 부르는 자체가 전쟁 책임에서 멀찍이 떨어져보겠다는 그들의 의지다. 영토 문제까지 겹치면서 중국의 항일은 정부의 후원을 업고 현재진행형으로 지속되고 있다.

하지만 관이 주도하는 항일의 역사라는 것은 어딘지 미심쩍고 불편하다. 제대로 된 시민사회라면 역사의 해석은 자율과 토론으로 결정할 문제라는 믿음 때문이다. 우리 역시 역사 교과서 국정화 논란으로 몇 차례 홍역을 치른 바 있다. 정부가 주도해 윤색한 역사라면 일본의 과거사 역주행과 다를 것이 없다. 모두 저마다의 의도를 가지고 역사를 만지고 있는 것이다. 중국이 항일의 고삐를 부여잡고 있는 의도에 대해 살펴야 하는 이유다.

2015년 4월, 항일전쟁승리 70주년 기념 주제곡이 발표됐다. 제목은 〈워먼스따쭝화(我们是大中华, 우리는 대중화)〉이다. 뮤직비디오가 있어 찾아봤는데 의외로 항일전쟁은 한 장면으로 스쳐 지나갔다. "반고가 천하를 열어"라는 가사로 시작되는 웅장한 선율은 중국의 광대한 자연풍광과 문화유산을 넘어 현대 중국의 발전상을 소개하는데 상당 부분을 할애한다.

마지막 부분에 나오는 '중국몽'이라는 세 글자는 바로 시진핑 주석이 염원하는 중화제국의 부활이다. 속된말로 '궈뽕(지나친 민족주의나 애국주의를 비유하는 은어)'의 절정이다. 유행과도 같은 항일이 지향하는 종착점을 잘 보여준다는 생각이 들었다.

항일의 역사는 현재의 중국을 이끌고 있는 공산당의 역사다. 공산당이 자랑하는 승리의 역사다. 학살이라고 불러도 전혀 어색하지 않을 일본군의 참담한 만행 앞에 민중들의 수호자가 되었던 공산당과 함께 하자는 메시지를 항일이라는 주제에 녹여내고 있다. 강조는 하지만 전체적으로 사실에 바탕을 두고 있기 때문에 일반 대중의 지지를 받는 데도 별 무리가 없다. 실제 중국 체류기간 중에 주변의 중국 친구들 입에서 일본인을 좋아한다는 말은 좀처럼 듣지 못했다. 사회의 전반적인 반일 정서를 쉽게 느낄 수 있었다.

문제는 항일이 지향하는 위대한 중국, 관이 주도하는 그 위대한 중화의 칼끝이 언젠가 우리를 향할 수도 있음이다. 우리에게는 이미 동북공정의 경험이 있다. 만리장성이라며 압록강변에 시멘트로 산성을 쌓은 중국이다. 동북에 흩어져 있는 고구려와 발해의 유적에는 아직도 중국 당국이 감시의 눈을 번뜩이고 있다. 사드를 빌미로 한 한한령은 한중수교 25주년이 무색하게 현재진행형이다. 중일전쟁의 참혹함과는 다르겠지만 우리 역시 불과 70여 년 전에 중국 공산당과 이른바 '항미원조전쟁(6.25 한국전쟁)'을 치른 바 있다.

역사를 선전의 도구로 만지작거리던 손끝이 언제 어디로 향할지는 항상 경계의 대상이다. 조석(朝夕)으로 항일을 되새기는 나라, 그 속내에 자꾸만 신경이 쓰인다.

중국, 한 걸음 더 들어가기

• 중국의 지나친 항일 분위기에 색안경을 끼게는 되지만, 일본이 얄미운 것은 어쩔 수 없다. 중국이 난징대학살(南京大屠杀) 자료의 세계기록유산 등재를 추진하자, 일본이 유네스코에 대한 돈줄을 끊겠다며 반발한 적이 있다. 《요미우리신문(読売新聞)》은 "일본이 유네스코 예산의 10%인 약 360억 원을 부담하고 있다"고 사설에 공개적으로 쓴 적도 있다. 조선인을 강제 징용했던 하시마(端島) 탄광(우리에게는 '군함도'로 잘 알려져 있다)을 일본이 유네스코에 기록유산으로 등재하려고 한 적이 있다. 한국이 반발하자 '남의 역사에 간섭하지 말라'던 일본이다. 미워도 이렇게 미울 수가 없다.

• 시진핑 지도부 출범 이후 고취된 항일 분위기의 덕을 우리가 보긴 했다. 항일은 중국만의 기억이 아니다. 우리의 역사와 기억이기도 하다. 한반도를 떠나 대륙을 수놓은 수많은 조선인 항일투사들의 흔적은 현재 중국 곳곳에 산재해 있다. 중국은 2014년에 하얼빈에 안중근 의사 기념관을 설립했다. 시안에는 광복군 표지석을 세웠고, 항저우에 있는 대한민국 임시정부 청사는 국가급 항일전쟁 유적지로 지정했다. 이른바 항일역사 공조다. 속내는 경계하되, 소홀했던 독립 유적 관리에 이 분위기를 잘 이용하는 지혜가 필요함은 두말할 필요가 없다.

조선의용군,
대륙을 누비던 위대한 테러리스트

#조선의용군 #김원봉 #의열단 #정율성 #김산 #홍색관광

# #

중국 외딴 시골 농촌의 버려진 누각은
조선의용군의 주둔지였다.
"왜놈의 상관놈을 총으로 쏴 죽이고
조선의용군을 찾아오시오"라는 글이 아직도 선명하다.

"가서 선생에게 전하시오. 나 밀양 사람 김원봉이요." "반갑소, 나 의열단장 정채산이요." 조승우와 이병헌, 두 배우가 뿜어내는 불꽃 카리스마는 영화에 잠깐 스쳐만 가는 카메오인데도 쉽사리 잊을 수가 없다.

영화 〈암살〉은 1,200만 명 이상, 〈밀정〉은 700만 명 이상이 봤다. 그리고 두 배우는 영화에서 모두 일제시대 중국에서 의열단을 만들어 독립투쟁의 최전선에 섰던 약산 김원봉을 연기했다. 영화의 흥행 이후, 약산에 대한 관심이 폭발했다. 백범 김구 주석의 현상금이 5만 엔일 때, 약산의 현상금이 8만 엔이었다는 기사도 나왔다. 현상금이 최고점에 도달했을 때는 지금 화폐 가치로 300억이 넘는다는 부연 설명이 붙어 있었다. 일제의 입장에서는 눈엣가시 같은, 꼭 제거해야 할 테러리스트 1호에 이름을 올린 셈이다.

덩달아 의열단도 새삼 회자됐다. 의열단은 조선 총독과 관료들, 친일파, 밀정을 암살 대상으로 정했다. 총독부와 식민 통치를 미화하는 언론기관, 각 경찰서를 파괴 대상으로 삼았고 실제로 행동했다. 조선총독부, 종로경찰서, 동양척식주식회사 같은 일제 식민 통치를 뒷받침하던 핵심 기관들에 폭탄을 던지고, 추격하는 경찰들과 총격전을 마다하지 않았다.

의열단의 노선과 행동강령을 적은 문건이 단재 신채호 선생의 유명한 '조선혁명선언'이다. 나석주, 김상옥 열사 등의 이름을 교과서에서 배운 기억이 난다.

"폭력은 우리 혁명의 유일한 무기이다"라며 일제의 간담을 서늘하게 한 의열단은 그 후에 어떻게 됐을까? 베이징 루거우치아오(卢沟桥, 노구교) 근처에 인민항일전쟁기념관이 있다. 일본군이 1937년 중국을 침략하면서 처음으로 넘었던 다리가 노구교다. 기념관에서는 뜻밖의 사진을 한 장 볼 수 있다. 본관 입구 왼쪽 벽에 있는데, 어느 시골집 담벼락에 선전 문구를 쓰고 있는 병사의 모습이다. 앳된 모습의 그는 이렇게 쓰고 있다. "중한 양 민족은 연합하여 강도 일본을 타도하자." 중국의 항일전쟁 승리를 기념하는 장소에서 눈에 띌 수밖에 없다. 사진 밑에 "조선의용군 선전부"라는 설명이 붙어 있다.

맞은편에 중국 인민해방군의 군가인 팔로군 행진곡 악보가 크게 확대되어 걸려 있다. 중국의 중요한 국가 경축일에 빠지지 않는 곡이다. 작곡자의 이름이 정율성으로 전라남도 광주에서 태어난 한국인이다. 조선의용군과 정율성. 우리에게는 아직 낯선 이름이다. 하지만 의열단은 그렇게 진화해 해방의 그 순간까지 대륙을 누볐다.

그들의 흔적은 중국 곳곳에 아직 남아 있다. 베이징에서 고속철을 타고 2시간 남짓 가면 한단(邯鄲)이라는 도시가 나온다. 춘추전국시대 조나라의 수도였던 곳이다. 당시에는 한단 사람들의 걸음걸이를 배우기 위해 전국에서 모여든다는 유행의 1번지였지만, 지금은 인구 백만 남짓한 지방 도시다.

한단에서 100여 km 떨어진 곳에 서현(涉县, 섭현)과 쭤취안현(左权县, 좌권현)이라는 농촌이 있다. 중국의 그랜드캐니언으로 불리며 험준한 산세를 자랑하는 타이항산(太行山, 태항산) 줄기가 지나는 곳이다. 이곳이 바로 의열단 동지였던 약산 김원봉, 석정 윤세주 등이 주도해 결성한 조선의용군이 활약하던 곳이다. 난좡촌(남장촌), 중위안촌(중원촌), 스원촌(석문촌) 등 시골 마을 곳곳에 의용군의 주둔지, 학교 터가 남아 있다. 전투에서 전사한 의용군 열사들의 묘도 일부 보존되어 있다.

윈터우디(云头底, 운두저)라는 마을에는 아직 남아 있는 입구 누각에 우리말이 선명하게 쓰여 있다. "왜놈의 상관놈들을 쏴죽이고 총을 메고 조선의용군을 찾아오시오." 투박하지만 힘 있게 또박또박 쓴 글자 앞에서 당시 의용군의 기상을 느낄 수 있다.

태항산은 당시 중국 공산당의 팔로군과 일본군이 맞붙은 최전선이었다. 일본군이 팔로군 총사령부에 포탄을 쏟아부으며 들이치던 날, 조선인 전사들은 팔로군과 동료 의용군의 주력을 엄호하며 퇴로를 뚫었다. 그 전투에서 김원봉과 같은 밀양 사람이자 의열단 창립 멤버였던 석정 윤세주가 전사했다.

그의 목숨값으로 탈출하는 데 성공한 당시 중국 공산당 간부들이 펑더화이와 덩샤오핑 등 훗날 대륙을 주름잡은 이들이다. 팔로군 총사령관이었고, 중국 인민해방군의 아버지라고 불린 주더가 윤세주의 장례식에 직접 참석해 추도사를 읽었다.

한단에서 가까운 스좌장(石家庄, 석가장)이라는 도시에서 기차로 8시간여를 가면 옌안(延安, 연안)이다. 중국 공산당이 대장정을 마치고 짐을 푼 곳으로 중국 혁명의 성지다. 아직도 중국인들이 흡사 무슬림들이 사우디의 메카를 찾듯이 이곳을 향하는데 이를 '홍색 관광'이라고도 한다.

옌안 혁명기념관 광장의 거대한 마오쩌둥 동상은 이 도시의 위상을 말해준다. 이곳에도 어김없이 조선의용군의 흔적이 남아 있다. 공산당은 이곳이 황토 지형임을 이용해 산에 토굴을 파고 살았다. 마오쩌둥과 저우언라이 등 최고위 지도부도 예외가 아니었다.

뤄자핑(罗家坪, 나자평)이라는 옌안 인근의 시골 마을에는 의용군이 살던 토굴들이 아직 남아 있다. 의용군 간부를 교육하기 위해 세운 조선혁명군정학교의 흔적도 남아 있다. 광주 사람 정율성이 이곳 옌안에서 〈팔로군 행진곡〉을 썼다. 옌안의 혁명 전사라면 당시 목청껏 한번쯤 불러봤을 법한 〈옌안송〉도 정율성의 작품이다.

당시 옌안은 전 세계 지식인의 주목을 받았다. 푸른 눈의 에드거 스노가 옌안을 찾아와 중국 공산당 홍군을 생생히 기록한 책이 그 유명한 『중국의 붉은 별』이다. 또 에드거 스노의 부인이님 웨일스 역시 한 조선인 혁명가를 옌안에서 만나 기록을 남겼다. 그의 본명은 장지락. 김산이라는 이름으로 잘 알려져 있는 그의 생애를 다룬 책이 『아리랑』이다.

김산 역시 대륙 곳곳을 누비며 조선독립과 혁명에 일생을 던졌다. 그리고 옌안에서 일본 스파이로 몰려 비밀리에 처형당했다. 일제의 체포와 고문을 견디던 청년의 미처 예상하지 못한 비극적 결말이었다. 중국 공산당은 1980년대에 들어서야 잘못된 판단이었음을 인정하고 그의 명예를 복권했다.

김산만의 비극은 아니었다. 일본과 대적하기 위해 기꺼이 총을 들고 폭탄을 품고 다녔던 조선의용군 역시 전혀 예상치 못한 결말로 역사에 묻혔다. 조국은 분단됐고 그들은 대부분 북쪽을 택했다.

약산도 마찬가지였다. 친일파 청산이 제대로 이뤄지지 못한 남쪽에 실망한 그는 월북했다. 정율성은 〈북조선 인민군가〉를 작곡했다. 의용군은 6.25 때 남침한 인민군의 주력 부대였다.

이후 그들은 남쪽에서 금기되었고, 약산의 가족들은 빨갱이로 몰려 한국전쟁 때 학살당했다. 2013년 KBS에서 〈13억 대륙을 흔들다 – 음악가 정율성〉이라는 다큐멘터리를 방송할 때는 보수 세력의 반발로 수차례 방송을 연기하는 진통을 겪어야 했다. 광복 70년이 지났지만 대한민국은 아직도 앙금을 씻어내지 못하고 있다.

북에서는 더했다. 김일성 개인숭배를 비판하며 북한을 집단지도체제로 이끌려고 했던 조선의용군 출신들은 종파분자로 몰려 숙청당했다. 주시경의 제자로 저명한 한글학자였던 김두봉, 의용군의 핵심 간부로 북한의 재정상을 지냈던 최창익 등 수많은 조선 의용군 간부들이 이른바 연안파로 몰려 일제의 감옥이 아닌 해방된 조국의 감옥과 수용소에서 숨을 거뒀다.

약산의 죽음은 기록조차 없다. 수용소에서 분을 못 이겨 스스로 청산가리를 들이켰다는 풍문만 전해진다. 가까스로 압록강을 건너 중국 만주로 도망친 의용군 몇몇만이 살아남았다. 그들이 아니었다면 제대로 된 의용군의 기록과 구전조차 남지 못할 뻔했다.

일본의 탄압과 잔악함이 점차 극에 달해가던 때, 항일 무장투쟁의 명맥은 임시정부의 광복군과 만주의 항일 빨치산, 그리고 이들 조선의용군이 잇고 있었다. 그중 의용군의 대오가 가장 많았고 최전선에 있었다. 누구보다 독립을 열망했고 한 목숨 던지는 데 주저함이 없던 이들이었다.

하지만 그토록 염원하던 일본의 패망 이후, 남과 북 모두 그들을 역사에서 지웠다. 팔로군 동료들이 세워준 몇몇 묘비와 기념비가 여기저기 흩어져 있을 뿐이다.

다행히 몇 년 전부터 이곳을 찾는 한국인들이 늘어나면서 조선의용군을 재조명하려는 시도가 이어지고 있지만 아직 민간 차원의 움직임이 대부분이다. 아직 그들이 헤쳐왔던 그 길만큼이나 갈 길이 멀고도 험하다.

영화 〈암살〉에서 안옥윤과 속사포, 황덕삼은 작전을 앞두고 태극기 앞에서 사진을 찍는다. 어설프게 웃는 그들을 향해 셔터를 눌렀고, 그들은 대부분 돌아오지 못했다. 그렇게 몸을 던진 독립투사들이 있었기에 지금 일본말로 수업을 안 받아도 되고, 때마다 천황폐하 만세를 외치지 않아도 된다.

우리는 선대에게 이루 말할 수 없는 빚을 졌다. 빚은 갚아야 한다. 뤼자핑촌의 무너져 내려가는 토굴과 원터우디촌의 쓰레기 옆에 방치된 의용군 옛터라는 기념비 앞에서 마땅히 후대가 해야 할 일이 무엇인가를 고민하게 된다.

중국, 한 걸음 더 들어가기

대한민국 임시정부, 광복군, 조선의용군, 그리고 만주의 항일 무장투쟁 빨치산에 이르기까지 대륙 곳곳에 독립 유적지가 넘쳐난다. 손쉽게 검색할 수 있다. 국외독립운동사적지(http://oversea.i815.or.kr)에 접속하면 주소와 연혁, 사진 자료를 확인할 수 있다. 궁금한 키워드가 있으면 역사포털 KBS히스토리(http://history.kbs.co.kr) 검색창에 입력해보자.

KBS히스토리는 2015년 광복 70주년을 맞아 KBS가 그동안 제작해왔던 역사 다큐멘터리와 사극을 시청자들에게 공개한 영상자료실이다. 인물, 유적, 사건, 문헌 등으로 분류했다. 키워드를 입력하면 해당되는 부분만 골라서 볼 수 있는 편리함이 압권이다.

유학,
21세기 금광을 찾아 떠난 학생들

#우따오코우 #유학생

# #

중국의 대학로라는 우따오코우 거리에는
유독 젊은 학생들이 많다.
그중 한국 학생을 만나는 것도 어렵지 않다.
위치가 좋아 약속 장소로 자주 이용하는 이 건물에는
한국 음식점도 즐비해 있다.

처음 중국을 찾는 한국 학생이라면, 아마 다른 외국 학생들도 마찬가지일 테지만, 우따오코우(五道口, 오도구)를 거치게 된다. 사도구-오도구-육도구로 이어지는 지명의 하나인데, 모두 철길을 따라 있다. 사전을 찾아보니 '따오코우(道口)'에 철도 건널목이라는 뜻이 있었다.

2016년에 철로는 교통체증을 이유로 폐쇄됐지만 우따오코우는 베이징의 대학로로 유명해졌다. 유학생들은 보통 우리식 한자음인 오도구로 부른다. 한국의 대학로는 성균관대와 한성대 등 두세 곳을 제외하면 대학을 찾아보기가 힘들지만, 베이징의 오도구는 명실상부한 대학로다. 일단 중국의 양대 대학인 베이징대와 칭화대가 자리 잡고 있다. 베이징대는 중관춘에 가깝지만 오도구에서도 멀지 않다.

대학이 몇 개나 있는지가 궁금했다. 지도를 펴고 오도구 지하철역에서 베이징대까지 거리를 기준으로 동심원을 그려 원 안에 있는 대학을 세어보았다. 베이징대, 칭화대, 북경임업대, 북경농업대, 중국석유대, 북경어언대, 북경지질대, 북경광업대, 북경과기대, 북경항공대, 중국정법대, 인민대, 수도체육학원,

북경전영학원까지 14개 대학이다.

동심원 안에 있지는 않지만 걸쳐 있거나 가까이에 자리 잡은 북경사범대, 북경외국어대, 북경이공대, 중앙민족대 등도 있다. 시내 중심에서 우따오코우로 가는 도로 이름도 쉐원루(学院路, 학원로)니까, 말 그대로 대학로다.

외국인들이 중국어 어학연수를 하기 위해 한번쯤은 고민해봤을 중국어 교육의 메카 베이징어언대는 물론, 유명한 사설 어학원들이 우따오코우 지하철역을 중심으로 자리 잡고 있기 때문에 지하철역 근처는 다양한 피부색과 옷차림이 뒤엉켜 이국적인 모습을 연출한다.

지하철역 바로 뒤가 철길이라 자주 교통 통제를 했었다. 기차가 지나가길 기다리며 건널목 양옆에 서 있거나 자전거, 오토바이를 탄 중국인과 외국인들을 보고 있으면 예전 중국 당나라 시대 서역 상인들이 몰려왔다는 장안이 이런 느낌이었나 생각이 들기도 한다. 이런 우따오코우를 중국 학생들은 우스갯소리로 '우주의 중심(宇宙中心)'이라고 부른다. 전 우주의 모든 민족을 볼 수 있다는 뜻이다.

유학생들만 오도구를 찾는 것은 아니다. 중국어를 배우기 위해 다니던 어학원에는 70세를 바라보는 할머니부터 7세 꼬마까지 다양한 연령의 외국인이 섞여 있었다.

항상 수줍고 조용하던 일본인 부부는 베이징에서 일본 식당을 차리기 위해 왔고, 스리랑카 대학생은 중국 정부 장학금을 받으며 대학에서 공부를 하고 있었다. 베네수엘라에서 중국 물건을 수입하던 중년 남성은 하다 보니 아예 현지에 와서 하면 돈이 될 것 같았다고 했고, 중국인 여자친구를 따라 베이징에 와서 영어 교사를 하고 있는 청년은 영국 국적이었다. 그냥 "중국이 좋아서"라고 말한 스페인 아저씨와 이스라엘 할머니도 인상적이었다.

러시아, 브라질, 미국, 호주, 슬로바키아, 파키스탄, 인도, 코스타리카 등 두 달 남짓 어학원을 다니던 기간 동안 줄잡아 서른 개가 넘는 나라의 사람들을 만날 수 있었다. 세계의 돈을 빨아들인 중국이 이제는 전 세계 사람들까지 불러 모은다는 생각을 했다. 덩샤오핑이 개혁개방을 말한 지 4반세기 만에 중국 폐쇄성의 상징인 '죽의 장막'은 찾을 길이 없어진 셈이다.

죽의 장막을 넘어 우주의 중심이 된 곳이 우따오코우다. 만국의 문화가 섞이면 어떤 색깔일지가 궁금했다. 한동안 길을 걸을 때나, 밥을 먹을 때나, 한잔할 때나, 상점에서 물건을 살 때나 언제나 한참을 기웃거렸다. 하지만 중국 생활 초보에게 특색 있는 문화가 쉽게 보일 리가 없다. 우리말을 엉금엉금할 줄 아는 외국인을 신촌에 떨궈놓는다고 그에게 한국의 대학 문화가 보일 리가 없다.

중국 친구가 말하길 대학마다 100개가 넘는다는 동아리에 가입해서 활동하면 재미를 느낄 거라는데, 처음에는 말도 안 되고 나이도 많고 언감생심이었다. 그래서 거리의 외관이라도 관찰

하면서 한참을 다녔다.

우따오코우를 다니다 보면 심심치 않게 귀를 스쳐가는 언어가 바로 한국어였다. 처음에는 '한국인 참 많다' 정도였는데, 거리가 익숙해지기 시작하면서 '한국인 정말 많다'로 바뀌었다. 우따오코우가 왕징과 함께 베이징에서 손꼽히는 한국인 밀집 지역이라 그런가 하는 생각이 들었다.

단순히 체감만은 아니었다. 중국 관영 인민망에 의하면 2015년 말 중국에는 202개의 국가에서 온 39만 7,000여 명의 학생들이 대학, 연구원, 기타 교육기관에서 공부를 하고 있다고 한다. 이 중 한국 학생이 6만 7,000여 명으로 가장 많았다. 2위가 미국 학생인데, 2만 2,000여 명이니 한국이 압도적이다.

외국 유학생이 가장 많은 도시는 단연 베이징으로 7만 4,000여 명, 그중 상당수가 아마 우따오코우에 터를 잡고 있을 것이다. 그리고 또 그들 중 상당수는 한국 학생들일 테니, 오도구 지하철역 대각선에 자리 잡은 랜드마크인 동원빌딩에 한국 식당이 즐비한 이유가 있다. 한국 음식을 파는 슈퍼마켓이 따로 있고 조리된 반찬도 쉽게 구매할 수 있는 일종의 코리아타운인 셈이다. 삼겹살부터 김치찌개까지 없는 것이 없다.

한류가 인기를 얻으면서 높아진 한국 음식에 대한 호기심을 중국인들은 우따오코우에서 많이 해결하고 있었다. '한국 복장 패션', '한국 문구', '한국 미식성'이라는 한국어와 중국어 병기 간판이 흔하고 지하철역 인근에는 파리바게뜨, 뚜레쥬르, 투썸

플레이스 같은 한국 체인점들도 많다.

한국 드라마를 본 대학생들은 바로 이곳으로 달려와 전지현이 드라마에서 먹던 치맥을 먹고, 수지가 바르던 화장품을 사고, 아이유가 착용했던 귀걸이를 살 수 있다.

한때 중국 유학에 대한 부정적인 기류가 존재했던 것이 기억난다. 중국에서 뭘 배우겠냐는 선입견이 있었다. '베이징대와 칭화대도 유학생이 입학하는 것은 어렵지 않다더라', '조기 유학 온 한국 학생들이 술, 담배를 즐기며 방탕하게 살고 있다더라', '유학생들이 공부할 수 있는 환경이 아니더라'는 식으로 쑥덕거리는 이들이 있었다.

꾐에 빠져온 유학(誘學), 멋모르고 흘러온 유학(流學), 물 위에 뜬 기름 같은 유학(油學), 자포자기로 노는 유학(遊學). 어떤 기사에 나왔던 중국 유학을 비꼬는 말들이다. 하지만 어디인들 안 그럴까? 분명 고등학생 정도 되어 보이는 나이인데, 술에 취해 노래방을 찾는 어린 학생들을 본 적도 있다.

하지만 그런 방황하는 영혼들은 서울 동대문에도 있고 LA 뒷골목에도 있고, 베이징에도 있다. 삼시세끼를 대학 식당에서 밥을 먹고 알뜰살뜰 돈을 아껴가며 도서관에 파묻혀 사는 학생들도 어디나 있듯 베이징에도 있다. 내 주변의 학생들은 중국의 급부상과 그 기회를 찾아 뚜렷한 목적의식을 갖고 온 경우가 대부분이었다.

✖

미래의 주역인 학생들이 누비는 대학로를 뒤덮은 한국 학생들과 한국 상점들에서 한중 양국의 거리를 생각해본다. 만국의 학생들이 모여든다는 우따오코우, 그중 많은 수가 한국인이라는 것은 무엇을 의미하고 있을까? 우리는 왜 중국으로, 베이징으로 기수를 돌렸을까?

언젠가부터 한국의 중국어 학원에 수강생들이 모여들고, TV에서 중국 관련 다큐멘터리를 하면 시청률이 잘 나오는 것이 당연해졌다. 핫한 아이템을 넘어 뭔가 강한 압박으로까지 다가오는 중국. 어딘가 있을 금광을 찾아 이동하는 것이 인간의 속성 중 하나라면, 미국 서부 개척기의 골드러시가 그랬듯 이 순간에도 많은 한국인들이 중국행 비행기에 몸을 싣고 있는 것이 이해가 된다.

중국이 아직 기회의 땅인지 갑론을박이 많은 것을 알고 있다. 사드로 인해 악화된 한중관계는 실체적인 위협으로 성큼 다가왔다. 하지만 우따오코우를 걷다 보면 여전히 기회와 희망을 품고 눈을 반짝이고 있는 한국 청년들을 쉽게 만날 수 있다. 만국의 문화는 아닐지라도 그 반짝이는 눈들을 확인한 것만으로도 우따오코우는 의미가 있었다.

중국, 한 걸음 더 들어가기

우따오코우 지하철역 앞은 엄청난 인파는 물론, 도로와 철로가 겹치는 곳이 었던지라 교통도 혼잡 그 자체다. 지금은 폐쇄했지만, 기차가 지나가는 시간에 철길을 통제라도 할라치면 건널목 양쪽으로 신호를 기다리는 사람들과 차량, 자전거, 오토바이가 엉켜 영화의 한 장면을 보는 것 같았다. 물론 그중 상당수는 외국인들이다.

어느 날 그 무리에 섞여 있다가 이제 막 중국에 도착한 듯 무거운 여행가방을 낑낑대며 끄는 금발의 여학생과, 바로 그 옆에서 너무나도 헐렁한 옷을 걸친 듯 만 듯 입고 작은 오토바이에 포개어 앉은 또 다른 금발 여학생 두 명을 봤다. 중국 생활에 얼마나 적응했는가를 측정하는 한 장의 사진 같았다. 나는 저 둘 사이에 어느 단계까지 와 있을까를 잠깐 생각해봤다.

왕징,
로또가 된 코리아타운

#왕징 #조선족 #왕징SOHO #왕징의현인

# #

베이징의 코리아타운인 왕징.
한국인들을 위한 편의시설이 많아
중국어를 못해도 일상생활에
큰 불편이 없을 정도다.

중국 촬영을 처음 온 것이 베이징 올림픽 전이었으니 10년 전이다. 해외 출장에는 현지 코디네이터의 역할이 절대적이다. 사전 자료조사, 촬영 일정, 인터뷰 대상 선정은 한국에서 진행하지만, 출국하는 순간부터는 코디네이터의 손에 이끌려 움직일 수밖에 없다.

말이 통하지 않으니 당연한 일이다. 그러니 어떤 코디네이터와 일하느냐가 촬영 성공의 절반쯤을 차지한다. 서로 합이 맞지 않으면 일정 내내 불편한 것은 물론이거니와 자칫 촬영을 망칠 수도 있기 때문이다. 그렇다고 현지에 가서 코디네이터를 미리 만나 사전에 협의할 만큼 넉넉한 제작 환경이 아니니 먼저 다녀온 선배들의 평판에 주로 의지하게 된다.

그렇게 만난 코디네이터가 베이징 동양문화의 김성천 사장이다. 김성천 사장은 헤이룽장(흑룡강) 출신의 우리 동포, 조선족이다. 일제 강점기의 많은 동포가 그러했듯 왜정을 피해 봇짐 짊어지고 두만강을 넘은 선대들의 후손인 셈이다. 물론 국적은 중국이다.

어찌어찌 하다 보니 KBS와 연을 맺게 되어 〈차마고도〉, 〈누들로드〉와 같은 대형 다큐멘터리의 현지 진행을 책임졌다. 촬영을 하다 보면 간혹 무리한 일정과 섭외 없이 촬영을 감행하는, 속된 말로 '현장 박치기'를 할 수밖에 없는 상황에 처하게 되는 때가 오는데, 이럴 때 현지 코디네이터가 어떻게 해주냐가 절대적이다. 몸을 사리고 현지 사정 운운하는 일부 몇몇 코디네이터들과는 달리 김성천 사장은 이런 방면에 탁월했다. 본인이 먼저 나서서 뭐라 와글와글대면서 촬영할 시간을 벌어주기도 해 피디들과 죽이 잘 맞았다.

이 장황한 이야기를 펼친 이유는 10년 전 첫 만남에서 그가 했던 말을 옮기기 위해서다. 촬영을 무사히 끝내고 저녁식사를 하는 자리에서 김 사장이 말했다. 촬영 오는 KBS 피디들에게 모두 말한다고도 했다. 그러더니 대뜸 왕징에 집을 사라고 했다. 본인이 세를 주고 관리를 해줄 테니 지금 당장 돈이 없어 대출을 받아 사더라도 세를 받아 이자를 내면 된다는 말이었다. 1억에서 2억 정도면 중소형 아파트는 살 수 있다며 권했다.

허허 웃고 흘려들었던 10년 전을 생각하면 지금에 와서 그저 '나는 돈복이란 없는 존재인가 보구나'라는 한탄에 다시 헛웃음을 날리고 만다. 지금은 그 돈으로는 왕징에 방 한 칸 제대로 구할 수 없다. 그 즈음 베이징을 거쳐간 모든 주재원들은 비슷한 스토리를 하나쯤 가지고 있다. 모두 손에 쥐었던 로또를 허공에 날리고 땅을 치며 후회한다.

왕징은 지명이다. 베이징의 동북쪽에 자리 잡고 있는 명실상부 베이징의 코리아타운이다. 대학이 밀집해 있는 우따오코우에는 주로 유학생들이 몰려 있다면 왕징은 유학생은 물론 주재원, 무역상, 한국 자영업자들이 모여들면서 이들이 주로 거주하는 아파트를 중심으로 자연스럽게 코리아타운을 형성하기 시작했다.

한국인뿐 아니라 초기 중국 진출의 파트너였던 동북 지역의 조선족들도 대거 왕징으로 이주했다. 많을 때는 10만 명에 달하는 한국인과 그 못지않은 조선족들이 있었다고 한다. 그래서 지금은 왕징이 옌볜에 못지않는 조선족 밀집 지역이 됐을 정도다.

특히 왕징의 싼취(三区, 3구), 쓰취(四区, 4구)를 중심으로 어딜 가나 간단한 한국어가 통하고, 중국어과 한국어가 병기되어 있는 간판이 흔한 풍경을 만들어냈다. 돈치킨, 미도파 정육식당, 명동 칼국수, 곰집, 명태나라 같은 식당에 파리바게뜨, 뚜레쥬르 같은 체인점 간판들이 밑에 중국말을 함께 적은 채로 곳곳에 자리 잡고 있다. 특히 한궈청(韩国城, 한국성)이라는 건물에 가면 한국 마트부터 없는 상점이 없다.

왕징은 한국 기업들의 시험장 역할도 했다. 중국 진출을 노리는 많은 기업들은 왕징을 테스트베드(Test Bed)로 삼는다. 중국 1호점 내지 베이징 1호점은 상당 부분 왕징의 몫이었다.

많은 한국의 프랜차이즈 역시 왕징에서 먼저 오픈하고 베이징 전역으로 영토를 넓혀갔다. 커피든, 캠핑용품이든, 먹거리든, 13억 중국 소비자를 노린 많은 아이템들이 한국과 중국의 교차점인 왕징에 일단 안전하게 착륙한 후에 각자 길을 나선 것이다.

사실 왕징이 베이징의 중심은 아니다. 베이징은 자금성과 천안문을 중심으로 여러 개의 동심원을 그린 순환도로로 이루어져 있다. 순서대로 2환, 3환, 4환, 5환 하는 식이다. 정사각형과 동심원이 잘 조화되어 있는 계획도시 베이징의 공항은 5환 밖에 있고 대체로 5환 밖이면 시외로 치는 분위기다.

그중 왕징은 4환과 5환 사이에 위치하고 있어 시내 중심과는 한참 멀리 떨어져 있다. 우리로 치면 분당이나 일산 신도시쯤 된다고 해야 하는 정도다. 크기는 16km²로 여의도 면적이 2.9km²이니까 여의도의 5배가 조금 넘고, 상주인구는 30만 명인데 계속 증가하고 있다.

왕징 근처에서 오래 거주한 중국인에 의하면 2000년대 초만 하더라도 왕징은 군데군데 논밭이 있는 허허벌판이었다고 한다. 이 벌판을 베이징시가 1990년대 중반부터 외국인 주거 지역으로 개발하면서 한국인들이 몰려든 것이다.

재미있는 것은 북한 사람들도 주로 왕징에 산다는 점이다. 몇백 명 정도로 짐작되는데, 베이징에서 제일 큰 북한 식당인 옥류관도 바로 왕징에 있다. 유학생 게시판에 과외한다는 글을 올리고는 연락이 와서 가봤더니, 북한 사람이 매우 조심스럽게 영어 과외를 의뢰하더라는 얘기가 전설처럼 떠도는 곳이 왕징이다.

중국 전역이 그런 것처럼 부동산 가격을 비롯한 모든 물가가 말 그대로 하늘 높은 줄 모르고 치솟은 곳 중 대표 주자도 왕징이다. 왕징의 아파트 매매가는 10년 사이에 10배 가까이 올랐다.

뿐만 아니라 식당의 밥값을 비롯한 모든 물가가 한국과 같거나 오히려 비싸다고 느껴질 정도다. 왕징에서 밥을 먹다가 중국이 왜 이렇게 비싸냐고 투덜댔더니, 중국인 친구가 씨익 웃으며 "니들이 만들었잖아"라는 말을 했다.

기숙사에서 나가면 왕징으로 갈 수밖에 없을 것 같아서 월세를 알아봤다가 혀를 내둘렀다. 우선 한인 커뮤니티 게시판에 오피스텔로 검색해봤다. 보성국제 83평 7,000위안, 동아왕징 65평 6,400위안, 오주캉두 60평 6,400위안, 국풍베이징 81평 8,500위안이었다. 우리는 3.3㎡를 1평이라고 하는데, 중국은 1㎡를 1평이라고 하니 대략 3분의 1로 나누면 우리에게 익숙한 평수가 된다.

중국의 60평이면 우리의 20평이 채 안 된다. 공유 면적이 빠지기 때문에 실제로는 더 작다. 방 한 칸에 작은 거실이 딸려 있는 것이 보통인데, 월세가 100만 원에서 140만 원(2017년 5월 기준)이다.

단박에 거실을 포기하고 평수를 낮춰 '원룸'이라는 키워드로 다시 검색해봤다. 우리식으로 10평대 초반의 원룸을 찾아봤지만 역시 모두 월 5,000위안, 80만 원 이상을 요구하고 있었다. 깨끗하고 살 만하다 싶으면 어김없이 100만 원이다. 왕징이 베이징에서도 손꼽히는 고물가 지역임을 실감하는 순간이었다.

'도대체 대졸 초임이 아직 100만 원이 채 안 되는 나라에서 이런 부동산 가격과 물가를 어떻게 감당할 수 있는 걸까'라는 의문이 머리를 떠나지 않았다.

그런 의문은 이내 어떤 종류의 두려움으로 이어진다. 이른바 부의 역전이다. 개발 독재로 압축 성장을 이루어낸 한국, 그때 중국은 문화대혁명이라는 혼란 속에서 허우적댔다. 전혀 깰 것 같지 않은 사자였다.

그 몇십 년을 전후한 시간들을 호사가들은 '단군 이래 한국이 중국을 앞선 유일한 시기였다'고 입방아를 찧기도 했다. 아닌 게 아니라 경제성장이라는 자신감을 바탕에 깔고 우리에게 은연중에 중국인을 비하하고 한 수 접어두는 시선이 있었던 것을 부정할 수는 없다.

하지만 80년대 이후 서서히 잠에서 깨기 시작한 중국은 전 세계의 공장을 자처하며 돈을 빨아들이기 시작했다. 어느 드라마의 대사처럼 "흙바닥에 앉아 하루 일당으로 1달러만 받으면서 컴퓨터를 만들어내는" 중국의 노동자들 덕에 중국의 국부는 이제 쉽사리 측정을 하기가 어려울 정도로 팽창했다.

'기초가 부실하다', '곧 고꾸라질 것이다', '이미 붕괴가 시작됐다' 등등의 혼란스러운 평가에도 불구하고 부의 체급을 한 단계 올린 중국에 대한 어떤 두려움은 괜한 것이 아니다. '왕징의 집값에 대한 의문은, 의문도 시샘도 아닌 그런 두려움이 아닐까'하는 생각마저 들었다.

✖

갈수록 왕징에 사는 한국인들의 푸념 소리가 높아진다. 안 그래도 높은 부동산 가격인데, 중국의 거대 IT기업들이 왕징으로 몰려들면서 이미 뚫은 하늘에서 '좀 더 높이'를 외치고 있는 격이다.

마윈과 타오바오로 우리에게도 유명한 중국 최대의 전자상거래 기업인 알리바바의 화북 지역 본부가 왕징에 자리 잡은 것을 필두로 소셜커머스, 음식배달앱 등 수십, 수백여 개의 IT 창업 기업들이 그 뒤를 잇고 있다. 축적한 부를 바탕으로 사무환경이 좋고 쾌적한 왕징으로 몰려든다. 이러다가 중국 창업의 성지인 중관춘을 능가할지도 모른다는 말이 나올 정도다.

상황이 이러니 한국인들이 부의 역전을 이룬 중국인들에게 밀려날지도 모른다는 걱정이 나올 만하다. 간혹 부동산 분양 홍보물에서는 허베이성(河北省, 하북성)과 접한 베이징 교외 지역인 퉁저우(通州) 지역이나 아예 베이징이 아닌 허베이성의 옌쟈오(燕郊)에 한국인들을 위한 아파트를 짓고 있다는 광고를 어렵지 않게 찾아볼 수 있다.

기업들 역시 임차료가 한국과 비슷한 왕징을 떠나 더 교외로 옮기는 사례가 있다는 소식이 현지에서 흔하다. 베이징 총영사관 관계자도 인정한 왕징 거주 한국인의 감소 현상과 한국인이 떠난 자리를 메우기 위해 몰려드는 중국의 젊은 부자들.

조만간 왕징이 중국 진출을 원하는 한국인이나 기업이 가장 먼저 만나게 되는 시험장이 아니라, 중국과 한국의 부의 격차를 가늠할 수 있는 척도로 자리 매김할 것이라는 우려가 새삼스럽지 않다.

중국, 한 걸음 더 들어가기

- 오히려 왕징의 한국을 지키는 것은 조선족이 될지도 모른다. 왕징 개발 초기 한국인의 파트너 또는 현지 조력자로 왕징에 자리잡기 시작한 조선족들은 몇 년 후에 귀국해야 하는 한국인 주재원들과는 달리 왕징을 처음부터 터전으로 삼았다.

  대출을 받아 아파트를 여러 채 구입한 그들은 현재 왕징의 보이지 않는, 때론 너무 잘 보이는 큰손들이다. 현지 한국인들은 "왕징에서 돈 있는 사람들은 모두 조선족이다"라는 농담을 하기도 한다. 예전에는 한족 집주인 밑에서 한국인이 세 들어 살고 조선족이 일을 했다면, 요즘은 조선족 집주인 밑에서 한국인이 세 들어 살고 소수민족이 일을 한다. 국가의 부가 팽창하던 시기의 파도를 잘 타야 한다는 것은 어느 나라이건 마찬가지인가 보다.

- 그래도 왕징은 아직 베이징 거주 한국인들의 철옹성이긴 하다. 2016년 기준 베이징 대사관에 등록된 언론매체는 모두 26개, 36명의 특파원들이 있는데, 거의 대부분 왕징에 산다. 바쁘면 집에서 하루 종일 기사를 써야 하는 이들뿐 아니라 왕징에 거주하면서 베이징을 말하고 중국을 논하는 수많은 한국인 사장님들, 가정주부들, 학생들이 있다. 이들을 통해 중국을 접하는 한국인들의 수 또한 셀 수 없을 것으로 짐작한다. 그래서 이들이 스스로를 '왕징의 현인'이라고 부른다는 얘기를 들은 적이 있다. 이 수많은 왕징의 현인들이 언제까지 왕징에 남아 있을지가 향후 한중관계의 관전 포인트다.

북조선,
혁명과 전쟁을 같이 겪은 과거의 동지

#북조선 #혈맹 #항미원조 #북중관계 #옥류관

# #

중국은 북한이 러시아와 함께 유일하게
국경을 맞대고 있는 나라다.
북한의 신의주와 중국 단둥을 잇는 다리인
중조우의교(中朝友谊桥), 일명 압록강철교는
양국의 물자와 사람을 잇는 북한의 생명줄이나 다름없다.

베이징에서 제일 큰 서점은 지하철 시단역에 있다. 베이징투슈따샤(北京图书大厦, 베이징도서빌딩)라고 커다랗게 써 있다. 책을 포개 쌓아놓은 조형물이 눈길을 끄는 곳이다. 4층 전부를 책과 문구류가 가득 메우고 있다. 두 번째로 큰 서점은 왕푸징에 있는 왕푸징 서점이라고 해서 가보았다. 도서빌딩보다 넓지는 않았지만 역시 6층짜리 건물을 모두 책으로 채우고 있었다.

서점을 찾은 이유는 북한 관련 도서를 찾아보기 위해서였다. 어느 정도 중국 생활에 적응을 하고 난 후, 연수 주제였던 '북한'에 대한 자료를 이것저것 찾아야 했다. 도쿄에 출장을 갔을 때 서점 한 켠을 가득 채우고 있던 '기타초센(北朝鮮, 북조선)'에 대한 책들이 생각났다. 북한이 미사일 한 발만 쏴도 아침 생방송부터 시작하는 그들의 호들갑을 목격한 적이 있기 때문에 중국에는 북한에 대한 어떤 책들이 있을까 자못 궁금하기도 했다.

하지만 찾을 수 없었다. 정치, 사회, 국제, 외교 섹션을 모두 자세히 뒤져봤는데, 한두 권 있긴 했지만 의미 있는 책은 발견하지 못했다. 잘못 찾고 있나 싶어서 한참을 여기저기 두리번거렸는데도 마찬가지였다. 검색할 수 있는 컴퓨터가 있어서 '베이차오시엔(北朝鮮, 북조선)', '북한', '김정일', '김정은' 등 다양하게 검색을 해봤는데도 없었다. 6.25전쟁에 참전한 중공군 병사들의 회상기 같은 책만 검색될 뿐이었다.

며칠 후에 KBS 베이징 지국의 선배들을 만날 기회가 있었다. 모두 북한과 관련한 단독 보도로 명성을 드높이고 있거나, 이미 몇 년 전 남북관계를 주제로 연수를 했었던 북한통인 기자들이었다. 서점에 갔던 얘기를 했더니 웃으며 찾기가 어려울 것이라고 했다. 우리가 생각하는 것만큼 중국이 북한에 관심을 가지고 있지는 않다는 얘기다.

중국은 국경을 접하고 있는 국가의 수만 14개국이다. 러시아, 몽골, 인도, 미얀마, 카자흐스탄, 네팔, 베트남, 키르기스스탄, 부탄, 라오스, 파키스탄, 타지키스탄, 아프가니스탄. 북한은 이들 중 하나일 뿐이다.

인접 국가에 대한 관리의 순위를 매기면 북한은 러시아, 인도 같은 대국보다는 우선순위에서 밀려 베트남 다음 순위로 꼽는다는 말을 들은 적이 있다.

물론 북한은 중국의 동북 정세에 핵심적인 위치를 차지하고 있다. 특히 북한 핵 문제가 그렇다. 미국이 주도하고 UN이 앞장서는 통에 국제사회 초미의 관심사가 되면서, 중국 역시 북한 핵 문제를 외면하지는 못한다.

하지만 중국에는 동북 문제 말고도 신경 쓸 게 많다. 영토 문제로 미국, 일본과 직접 맞닥뜨리고 있는 남해가 있고, 경제적으로는 일대일로가 걸려 있는 서부 대개발이 우선이다. 인도와 베트남은 언제든 무력충돌로 이어질 수 있는 역사를 가지고 있고, 북방의 러시아 역시 옛 사회주의 시절부터 애증의 관계였다. 이러니 우리에게 북한이 최우선인 것과는 다를 수밖에 없다.

아마 북한을 전문으로 연구하고 있는 교수들도 몇 없을 것이라며 선배가 말을 이었다. 그러고 보니 옌볜대와 사회과학원의 조선족 학자들을 제외하면 순수 한족으로 한국 언론에 북한 관련 인터뷰를 하는 교수들은 예전부터 듣던 그 이름들이었다. 베이징대 주펑 교수(지금은 난징대에 재직 중이다), 인민대 쓰윈훙 교수 등이 그들이다.

✖

칭화대에 아는 동생이 박사과정으로 유학을 왔다. 북한을 연구주제로 삼아서 알아봤는데, 칭화대 역시 마땅한 교수를 찾지 못했다고 한다. 서로를 학문적인 연구의 대상으로 삼으려고 하지 않는 분위기가 있는 것 같다며 한숨을 쉬었다.

어렵게 찾은 지도교수의 전공은 중국 근현대사였다. 처음에는 지도교수 역시 왜 자기 밑에서 북한을 연구하려고 하느냐며 의아해 했다고 한다. 베이징대와 함께 중국의 양대 대학이라는 칭화대의 북한 연구 현실이다.

다행히 방문학자로 1년을 보낸 정법대에 북한을 전공으로 한 한시엔동(한헌동) 교수가 있었다. 한시엔동 교수는 중국의 한반도 연구자로는 드물게 한국 북한대학원대학교에서 학위를 받았다. 중국정법대의 한반도연구센터의 책임자이기도 했다. 그를 만나 중국 내 북한의 관심에 대해 물었더니 그는 약간 곤란한 표정을 지으며 말했다. 두 가지 이유 때문에 대학에서 학문의 영역으로 북한을 연구하는 교수가 드물다는 것이다.

첫째, 정부의 연구 용역 발주가 없다고 했다. 북한 관련한 연구는 정부산하기관에서 도맡아 하기 때문에 대학에서는 좀처럼 기회를 잡기가 어렵다고 했다. 두 번째 이유는 학술논문이나 언론에 북한과 관련해 비판적인 시각의 기고를 하면 북한 정부로부터의 항의가 매우 심하다고 했다.

서점에서 관련 도서를 찾아볼 수 없었던 이유가 있었다. 사정이 이러니 대학에서 북한을 전문으로 연구하는 것은 쉽지 않다. 설명해주는 한헌동 교수의 명함에도 국제정치학과 교수라고 쓰여 있었다. 대개는 국제정치나 외교 전공 교수들이 북한 문제를 함께 강의한다는 뜻이다. "아마 베이징대 국제관계학원(우리의 정치외교학과에 해당하는 단과대학)에도 한국말을 할 줄 아는 교수가 없을 걸요"라는 그의 말에서 중국에서 북한 찾기가 생각보다 멀다는 인상을 받았다.

사실 북한과 중국은 혈맹이라는 말을 많이 쓴다. 다른 변경 국가들과는 차원이 다르다. 혁명 시기에 이 둘처럼 밀접했던 사이를 다른 나라에서는 찾아보기 힘들다. 그 사연을 알아야 북중 관계를 이해할 수 있다. 김명호 교수의 『중국인 이야기』라는 책을 보면 중국 총리였던 저우언라이가 북한 대사로 가는 차이청원에게 했다는 말이 나온다. 좀 길지만 인용해본다.

> 우리가 곤경에 처했을 때 도와준 조선의 인민들에게 감사한다는 말도 꼭 전해라. 너희들은 동북전쟁의 참전 경험이 없기 때문에 1946년에 동북에서 무슨 일이 있었는지를 잘 모른다. 동북에서의 승리는 조선의 지원이 없었으면 불가능했다. 우리의 든든한 후방 기지였고 부상병을 돌봐줬다. 조선이 우리가 가장 어려울 때 도와줬다는 점을 절대 잊어서는 안된다.
>
> —「중국인 이야기」, 김명호, 한길사, 2012

2차 대전이 일본의 패망으로 끝나고 대륙에서는 국민당과 공산당의 마지막 승부가 벌어졌다. 그 시작이 만주, 지금의 동북이었다. 2년 남짓한 치열한 공방전 끝에 공산당이 동북에서 승기를 잡은 것이 오늘의 사회주의 신중국의 시초. 그 당시 동북에서 북한이 중요한 역할을 했다는 것이 김명호 교수의 설명이다.

한국전쟁 때, 갓 개국해 여력이 없던 중국이 대규모 병력으로 참전한 것도 어찌 보면 이 연장선에 있다. 도움을 받았으니 도와준 것이다. 압록강변의 국경도시 단둥(丹东, 단동)에 가면 항미원조기념관이 있다. '항미원조(抗美援朝, 조선을 도와 미국에 대항한다)'는 한국전쟁을 부르는 중국의 이름이자 인식이다.

기념관에는 한국전쟁 당시의 무기, 식량 등 유물들과 전투 모형들이 전시되어 있는데, 당시 북한 사람들이 글씨를 새겨서 선물한 천 한 무더기가 한쪽에 있다. 혹독한 추위에 압록강을 건넌 중국 인민해방군에 대한 감사의 뜻을 적은 내용이 주를 이루는데, 일종의 위문편지다. 형형색색의 비단천에 새긴 그 글자 하나하나에서 물자가 부족한 전쟁 시기였을 텐데도 정성을 다했다는 것을 알 수 있다.

물론 지금이야 중국의 지도부도 세대가 여러 번 바뀌었고, 북한도 3대째 내려와 예전의 추억으로 북중관계를 지탱하기는 힘들 것이다. 이미 경제적으로 베이징은 평양보다는 서울과 가까워진 지 오래다. 트럼프의 압박에 시진핑도 고민하는 모양새를 여러 번 보인다. 전에 없이 냉랭한 중국의 태도에 북한이 반발하고 있다는 분석도 심심찮게 보인다.

하지만 본질이 그리 쉽게 변할지는 의문이다. 중국과 북한이 혁명과 전쟁 시기를 함께 겪은 일종의 전우였다는 심리적인 바탕을 알아야 지정학적, 전략적인 북중관계 분석에 좀 더 정확성을 더할 수 있다. 정량평가에 정성평가를 더해야 한다는 거다.

어쩌면 너무 끈끈한 두 나라의 관계이기에 수박 겉핥기식으로 접근하는 초보에게는 당연히 그 어떤 자료도, 속내도 보이지 않는 것일지도 모른다. 공산당의 역사를 승리의 역사로 관리·통제하는 나라이니 북중관계 역시 외부인들에게는 함부로 보일 수 없는 통제의 영역일 텐데 말이다.

몇 년 전 옌볜대 모 교수를 인터뷰한 적이 있다. 북한 나진, 선봉 지역의 경제개발 현황에 대한 내용이었는데, 무척 난감해 하던 분을 개인적인 연을 통해 어렵게 섭외했었다. 그 교수를 취재하고, 몇 가지 보충할 것이 있어 며칠 더 옌볜 일대에 머물렀다.

그런데 도중에 만난 한 취재원이 우리의 동선을 모두 알고 있어서 섬뜩했던 기억이 있다. 아마 그 교수가 인터뷰 전에 공안과 당국에 보고를 했을 것이라는 게 취재원의 설명이었다. 조금이라도 북한의 물이 들어 있는 촬영은 허가가 나지 않는 것이 다반사다. 아직 그 둘의 관계에 있어 우리는 외부인이고 경계의 대상이라는 얘기다. 그래서 중국에서 북한 찾기가 이리 어려운지도 모르겠다.

중국, 한 걸음 더 들어가기

베이징에서 쉽게 북한을 만날 수 있는 곳도 있다. 북한 식당 옥류관이다. 한 인타운인 왕징에 있다. 노무현 정부 말기인 2007년에 방문했었는데, 근 10년 만에 다시 방문했다. 남북의 분위기를 식당이 정확히 반영하고 있었다. 2007년에는 떠들썩한 잔칫집 분위기에 자칫 앉을 자리가 없을까 걱정을 해야 할 정도였는데, 10년 만에 방문한 그 넓은 홀에는 한국 사람이라고는 단 두 테이블이었다. 전기를 아끼려고 했는지 식당 한 켠의 조명을 꺼놓은 것이 더 을씨년스러웠다.

미래의 한중관계,
그들의 눈에 비친 한국

#한중수교25주년 #꾸이미 #문재인

📱 🔋 📶 🔔 3G 📶 56% 🔋 오후 4:27   📱 🔋 📶 🔔 3G 📶 56% 🔋 오후 4:27

专题   专题

专题 朴槿惠闺蜜干政事件

"闺蜜门"持续发酵，支持率创历史新低，朴槿惠
何去何从

最新消息   关键人物   各方评论

最新消息

韩民众第五轮反朴集会
130万人包围总统府(图)
澎湃新闻

朴槿惠闺蜜被曝与美军火商勾结：加快萨德
入韩

韩检方通知朴槿惠29日前
接受"面对面"调查
环球网

青瓦台疑用公款买伟哥：为
帮朴槿惠预防高山病
国际在线

韩国最大在野党议员爆料崔
顺实染指国防项目
北京晨报

朴槿惠批准任命独立检察官
调查"干政门"法案
中工网

# #

최순실 사태는 중국에서도 한동안 주요 뉴스였다.
택시기사들은 나에게 한국인이냐고 물은 후
어김없이 꾸이미(최순실을 빗댄 말) 혹은
사드 얘기를 꺼냈다.

한동안 사드를 물어대더니 어느새 택시기사들의 화제가 최순실로 바뀌었다. "너희 대통령은 물러나는 거냐?" "최순실과 대통령은 대체 어떤 관계냐?" "다음 대통령은 사드를 철회할 것 같냐?" 말 많은 베이징의 택시기사들답게 질문은 끝이 없었다. 짧은 중국어 탓에 "대통령이라도 죄를 지었으면 처벌을 받아야 한다"는 간략한 답변으로 돌려막기를 하다가 어느 순간부터는 거꾸로 그들에게 물었다.

중국 일반 시민들의 생각이 궁금했다. 초면의 한국인에게 속내를 보이겠냐마는 언뜻 언뜻 보이는 행간을 읽어보려고 택시를 탈 때마다 물었다. "그렇게 많은 사람이 모여서 시위를 하는데 사상자가 안 나는 것이 신기하다." "다음 대통령은 사드 문제를 해결할 수 있는 사람이었으면 좋겠다." "솔직히 중국인들이 그렇게 큰 관심을 갖고 있지는 않다." "대통령이 물러날 수 있다는 것이 신기하다." 열에게 물으면 열 모두 답이 달랐다.

그중 가장 인상적이었던 답은 머리가 희끗한 중년 기사의 얘기였다. "그래도 한국은 민주주의를 하는데…"라며 말끝을 흐렸다. 매일 중국 신문을 해석하는 강좌를 들었는데, 강사 역시 박근혜 탄핵을 전하는 기사를 해석하고는 "当然, 中国大陆媒体只有分析外国政治的时候可以充分自由"이라는 문장을 칠판에 썼다. '중국은 남의 나라 정치체제를 분석할 자유가 있다'는 말이다. 그리고 수업을 마친 후, 쓴웃음과 함께 "하지만 정작 중국 스스로의 정치는 분석을 하지 못한다"며 농담 반 진담 반의 이야기를 흘렸다. 어쩌면 적지 않은 중국인들에게는 이게 속내일 수도 있겠지 싶었다.

택시기사들의 주요 화젯거리가 될 만큼, 최순실이라는 이름 석 자에서 시작된 초유의 국정 농단 사태는 중국 언론의 주요 기삿거리였다. 중국 최대 포털 사이트인 바이두의 주요 검색어로 박근혜 대통령의 탄핵 관련 키워드가 꽤 여러 날 동안 상위권을 차지했다. '박근혜의 친구가 정치개입을 했다', '한국 민중들이 모여 박근혜 대통령의 하야를 요구했다'는 뉴스가 바이두나 진르토우티아오(今日头条) 같은 포털의 많이 본 뉴스에 항상 올라왔다.

중국의 대표 영자신문《차이나데일리(China Daily)》가 매년 그해의 10대 뉴스를 선정하는데, 2016년에는 1위가 도널드 트럼프, 2위가 브렉시트(Brexit), 3위가 최순실 게이트였다. 항저우 G20, 왕훙, 유인우주선 선저우 등 굵직한 뉴스를 모두 제쳤다. 클릭 수와 검색어 순위, 독자 온라인 투표를 통해 선정했다고 한다.

중국 매체는 '꾸이미(闺蜜)'라는 단어를 많이 썼다. '꾸이(闺)'는 집 안에 위치해 안채와 바깥채를 가르던 문이다. 이 문을 열고 들어가면 집 안 깊숙이 들어갈 수 있다. '미(蜜)'는 은밀하다는 뜻이니, 꾸이미는 사전적 의미로는 '집의 가장 은밀한 곳'을 말한다. 바이두에 검색해보면 '閨中蜜友'의 약칭으로 나온다. '집 안 은밀한 곳에서 내밀한 이야기까지 나눌 수 있는 친구'라는 뜻이다.

《중앙일보》 유광종 전 베이징 특파원은 칼럼에서 꾸이미가 개혁개방 이후 '1자녀 정책'이 전면적으로 시행되면서 나오기 시작한 신조어라고 설명하고 있다. 달리 형제자매가 없는 여성 사이에서 둘도 없이 친한 동성친구를 꾸이미라고 부른다는 뜻이다. 있는 얘기, 없는 얘기 모두 나눌 수 있는 사이. 그래서 국가의 일급 기밀문서들이 최순실 태블릿에서 쏟아져 나왔나 보다. 최순실 사태는 꾸이미라는 단어를 붙여 기사로 전해졌다. '閨蜜干政'는 꾸이미에 의한 국정 농단 사건, '閨蜜门'은 꾸이미 게이트(최순실 게이트)라는 뜻이다.

원래 중국은 다른 나라의 시위 소식을 보도하는 데 인색하다고 알고 있었다. 자국에 미칠 영향을 우려한다는 말을 들었고, 언론 통제가 일상화된 중국이니 당연하다고 생각했다. 그럼에도 박근혜 하야를 외치는 한국 국민들의 촛불은 중국 매체에서 자주 접할 수 있었다.

하지만 이들의 속내는 얄미울 정도로 자국의 이익에 충실했다. 《환구시보》라는 신문이 있다. 중국 공산당 기관지인 《인민일보》의 자매지인데, 국제 뉴스를 강화하겠다며 창간한 신문이다. 하지만 중국의 이익에 기반을 둔 거친 표현으로 악명이 높다. 신문기사라기보다는 선전선동 문구 같을 때가 종종 있다.

트럼프가 중국에 대해 강경한 입장인 인사들을 경제 라인의 장관으로 임명하자, 《환구시보》는 사설에서 "미국은 세계무역 질서의 파괴자가 되는 데 더 관심이 있어 보인다", "중국은 앞에는 꽃, 뒤에는 몽둥이를 숨긴 채 미국인을 기다리고 있다"고 쓰는 식이다.

원래 박근혜 대통령은 중국인들에게 호감형이었다. 서점에 가면 어느 책보다도 눈에 쉽게 띄는 것이 박근혜 대통령의 자서전이었다. 『절망은 나를 단련시키고, 희망은 나를 움직인다』는 제목과 박근혜 대통령의 살짝 웃는 얼굴이 큼지막했다. 푸틴과 함께 열병식을 사열하며 천안문 망루에 올랐고 중국어로 연설도 했으니, 중국 사람들에게는 호감일 수밖에 없었다. 중국 네티즌들은 큰누나[大姐]로 부르며 친근함을 표시하기도 했다.

하지만 자국의 이익에 반하자 가차 없이 내치는 것도 중국인들이었다. 큰누나는 아줌마[大媽]가 되더니, 바보[傻]로 부르기까지 했다. 김정은을 '뚱뚱이'라고 부르는 중국 네티즌들의 댓글을 크게 보도하던 한국 언론은 이런 댓글을 애써 무시한다.

중국이 여론조사를 한다며 내건 문항을 보면 악의가 읽힌다. "최순실 스캔들에 휘말린 박근혜의 처지를 동정하나?" "박근혜가 감옥에 가는 불행을 맞닥뜨릴까?" "박근혜의 앞으로의 미래에 관심이 있나?" 큰누나를 내치는 데 일말의 망설임도 없다. 알고 지내는 중국 지인은 "정부의 보도와 선전 방침이 정해지면 매체들이 일사불란하게 움직이고, 일반인들은 그렇게 믿는 경우가 많다"고 조심스레 말하기도 했다.

✖

최순실 사태를 보도하는 중국 언론을 보며 다시금 중화를 떠올려본다. 이들에게 한국은 많은 변경 국가 중 하나다. 변경의 지도자가 중국에 친근하면 대접해주지만, 자국의 이익에 반하면 어떻게든 보복하는 것이 변경을 관리하는 이들의 노하우다.

최순실 사태는 본질적으로 우리의 내정이다. 하지만 이들은 이를 한국에 대한 압박으로 교묘히 이용하고 민간에 전파한다. 촛불을 화면에 내보내는 것도 이런 전략에서 읽을 수 있다. 이제는 탄핵 당한 전 대통령에 대한 실망과 분노와는 별개로, 추락한 국격을 어떻게 지켜야 할지에 대한 고민과 짐은 우리가 짊어져야 한다. 마침 새 정부도 출범했다. 아마 문재인 대통령이 이 점을 가장 무겁게 인식하고 있지 않을까 한다.

새 대통령이 청와대 참모로 있던 10년 전과 지금의 중국은 많이 다르다. G2라는 말이 전혀 어색하지가 않다. 지난 70년간 망설임 없이 표시했던 미국이라는 답안지에 보기가 늘었다. 선택

지가 늘어 혼란이 아니라 다행인 상황으로 만들어나가는 것이
한중수교 사반세기를 맞는 우리의 과제다. 양 강대국 사이에 첨
예하게 끼어 있는 지정학과 줄을 잘 타서 헤쳐 나가야 하는 것
모두 숙명이다.

수다스러운 중국 택시기사들의 입에선 이제 문재인이라는 이
름 석 자도 제법 나온다. 뭔가 기대를 말하고는 있는데, 아직은
낙관도 비관도 이른 듯하다. 셈법은 여전히 복잡하고 변수는 너
무도 많다.

얼어붙었던 한중관계를 문재인 대통령이 어떻게 풀어갈지,
중국의 평범한 시민들이 어떤 수다로 화답할지, 한국에 대한 갑
론을박이 어떻게 진행될지, 택시를 탔을 때 어떤 질문과 답이
오갈지, 동네 주민들이 언제쯤 다시 한국 드라마 얘기를 하며
골목에 모여 마작을 즐길지, 치맥 열풍이 다시 불 수 있을지, 한
중 양국이 수교한 지 사반세기가 지났는데도, 앞으로 펼쳐질 양
국의 미래에 대한 모든 관전 포인트가 다시 처음부터 시작하는
느낌으로 다가온다.

젊은 중국의 역습에 당할 것인가, 공생할 것인가

중국까지 비행기를 타면 기내식을 먹기가 빠듯할 정도로 잠깐이면 도착한다. 배를 타도 자고 일어나면 도착한다. 통일이 되어 철도가 연결되면 기차로 아침은 서울에서, 저녁은 베이징에서 먹을 수 있다. 따지고 보면 우리가 역사를 시작한 이래 중국은 빼놓을 수 없는 숙제였다. 때론 투쟁했고 때론 협력하며 주고받았다. 공생의 이웃으로 함께한 세월이 수천 년이다.

분단은 대륙과 한반도 남쪽의 교류를 처음으로 차단했다. 한국인들은 50여 년이 지나서야 홍콩과 대만이 아닌 중국을 밟을 수 있었다. 그 반백 년 동안 우리는 4마리의 용이라고 불리며 비상했지만, 대륙은 문화대혁명이라는 현대사의 기록을 남기며 장막을 거두지 않았다.

수교 직전인 1991년 한국과 중국의 GDP를 비교한 자료가 있다. 우리는 3,323억 달러, 그들은 4,091억 달러로 언뜻 보아도 큰 차이가 아니다. 땅덩어리는 우리의 100배 정도 되고, 머릿수는 거의 30여 배 가까이 많은 것이 무색할 정도다.

대륙의 빗장이 열리자 돈다발로 무장한 한국인들이 다투어 베이징을 향했다. 한 수 가르쳐주겠다는 자신감으로 들떠 있던 짧은 호사였다. 작년 GDP를 찾아봤다. 한국은 1조 4,044억 달러, 중국은 11조 3,916억 달러다. 대략 8배 차이가 난다. 부의 역전, 한중수교 25년 동안의 일이다.

이제 돈다발은 거꾸로 그들의 몫이 되었다. 떼로 몰려와 진열대의 물건을 싹 쓸어가는 요우커들 덕에 유명 관광지는 들썩거렸으며, 제주도의 부동산 값이 치솟고, 중국 관련 주식이라면 유망 투자 종목으로 대접받았다. 그리고 그 거품이 한순간에 꺼질지는 아무도 예상하지 못했다.

2016년과 2017년, 작년과 올해는 한중수교 역사상 가장 극적으로 냉탕과 온탕을 오간 한 해로 기록될 만하다. 처음 들었을 때 그 생소한 이름 때문에 뭐지 했던 사드가 주변 사람들의 실체적인 문제로 영향을 줄지는 전혀 예상하지 못했다.

차근히 따져보면 당연한 수순이었는지도 모른다. 중국과 갈등을 겪었던 일본과 대만 등 여러 나라가 이미 몇 해 전에 겪었던 일이다. 같은 방식으로 기획하고 집행할 뿐이었는지도 모른다. 우리만 예외일 것이라고 생각하는 것 자체가 환상이고 무지다. 지난 1년은 그동안의 관성에 젖어 중국을 본 대가를 혹독하게 치르고, 꿈에서 깨는 과정이었다는 생각을 했다. 그나마 일찍 온 것이 다행일지도 모른다.

그 극적인 기간에 중국에 1년을 체류했다. 많은 점에서 눈을 비비게 됐다. 『삼국지』와 공산당으로 중국을 이해하고 있던 초보에게 베이징의 일상은 괄목의 연속이었다.

지갑이 없어도 되는 생활은 'IT는 우리나라가 우월할 것'이라는 편견을 부끄럽게 만들었다. 공유자전거가 반 년 만에 베이징을 휩쓰는 것을 보면서 혁신이란 이런 것인가 체감했다. 짙게 깔린 미세먼지가 바람을 타고 한반도로 넘어갈 생각을 하면 화가 치솟기도 했지만, 산골 구석에 우리말로 써진 독립투사들의 글귀를 볼 때면 그나마 대륙이 있어서 다행이었다는 안도감이 들기도 했다.

기차로 하루를 달리는 것을 별스럽지 않게 생각하는 생각의 크기에 놀라다가도, 이방인의 눈에는 여전히 더럽고 지저분한 베이징 뒷골목은 좀처럼 해석이 불가한 모순 덩어리였다. 살아봐야 보이는 것이 있다. 열심히 눈을 비벼야 했지만, 좀처럼 지루할 틈이 없을 정도로 변화는 크고, 빨랐고, 진행형이었다.

시간을 털어 압록강과 두만강을 차와 자전거로 달린 적이 있다. 대부분의 구간에서 북한이 가깝다 못해 선명하기까지 했다. 영차 하고 힘주어 뛰면 건널 수 있을 법한 곳이 여럿이었다. 모두 멀지 않은 장래에 우리의 국경이 될지도 모른다. 그러면 중국은 다시 우리와 육지로 마주하는 거의 유일한 나라가 된다.

숙명이니 비켜가지 못한다면 공존해야 할 방법을 찾는 것이 현명하다. 공생하려면 상대방을 알아야 한다. 중국몽을 외치는 그들에게 한중몽으로 화답하고 설득하려면 그들을 이해하고 그들의 언어로 말을 건네는 것이 상책이다. 1년간의 교훈이다. 출발하기 전부터 알고 있었지만, 떠날 때가 되니 더욱 명확해졌다. 우리는 짜장면을 먹고, 그들은 자장미엔을 먹는다. 볶은 장을 넣고 비비다 보면 왠지 익숙하고, 우연이든 필연이든 비슷하다니 친근하다. 그 낯익음에 게을리하지 않는 공부가 더해질 때 한중몽이든 혹은 중한몽이든 공생의 길이 있을 듯하다.

KI신서 7150

젊은 중국이 몰려온다

1판 1쇄 발행 2017년 9월 25일
1판 2쇄 발행 2018년 1월 23일

지은이 류종훈
펴낸이 김영곤
펴낸곳 (주)북이십일 21세기북스

정보개발본부장 정지은 **인문기획팀장** 장보라
책임편집 양으녕 **디자인** 박선향
출판영업팀 이경희 이은혜 권오권
출판마케팅팀 김홍선 최성환 배상현 신혜진 김선영 나은경
홍보기획팀 이혜연 최수아 김미임 박혜림 문소라 전효은 염진아 김선아
제작팀 이영민

출판등록 2000년 5월 6일 제406-2003-061호
주소 (우 10881) 경기도 파주시 회동길 201(문발동)
대표전화 031-955-2100 **팩스** 031-955-2151 **이메일** book21@book21.co.kr

(주)북이십일 경계를 허무는 콘텐츠 리더

21세기북스 채널에서 도서 정보와 다양한 영상자료, 이벤트를 만나세요!
페이스북 facebook.com/21cbooks 블로그 b.book21.com
인스타그램 instagram.com/21cbooks 홈페이지 www.book21.com
서울대 가지 않아도 들을 수 있는 명강의! 〈서가명강〉
네이버 오디오클립, 팟빵, 팟캐스트에서 '서가명강'을 검색해보세요!

ⓒ 류종훈, 2017

ISBN 978-89-509-7197-7 03320

책값은 뒤표지에 있습니다.
이 책 내용의 일부 또는 전부를 재사용하려면 반드시 (주)북이십일의 동의를 얻어야 합니다.
잘못 만들어진 책은 구입하신 서점에서 교환해드립니다.